télécoms et réseaux

Jacques Fourny

MAIS C'EST TRES SIMPLE !

DUNOD TECH

Toutes les marques citées dans cet ouvrage sont des marques déposées de leurs propriétaires respectifs.

Nous vous rappelons, par ailleurs, les termes de l'article 47 de la loi du 3 juillet 1985 :

«Toute reproduction autre que l'établissement d'une copie de sauvegarde par l'utilisateur, ainsi que toute utilisation d'un logiciel non expressément autorisée par l'auteur ou ses ayants droit, est passible des sanctions prévues par la loi».

Fondée en 1934 par Eugène Aisberg,
la collection *Mais c'est très simple !*
est animée par François Darot et Henri Lilen.

ISBN 2 10 002102 8

Sommaire

Préface

Comme le souligne l'auteur en conclusion, un peu plus d'un siècle sépare les "bouts de fils" reliant les deux premiers téléphones, des câbles à fibre optique intercontinentaux.

Progression spectaculaire, merveilleuse aventure qui a vu au cours des deux dernières décennies les réseaux de télécommunications subir des mutations profondes, dues en grande partie à la mise en oeuvre des techniques numériques.

Sur ces bases et face aux besoins exprimés par les utilisateurs, besoins sans cesse croissants, diversifiés et imprévisibles, les concepteurs et fournisseurs de réseaux de télécommunications ont été conduits à développer et offrir une large panoplie de services couvrant l'ensemble des domaines de la communication : parole, écrit, données, image, bureautique, etc...

Fortement imbriqués, supportés par des réseaux spécialisés ou non, tous ces services convergent vers l'interfonctionnement et la transparence pour l'utilisateur, dans le cadre des normalisations en cours au sein des divers organismes de standardisation internationaux.

Conscient des difficultés que peuvent rencontrer grand nombre de ceux qui souhaitent s'informer des possibilités existantes dans ce domaine, Jacques Fourny nous convie à une promenade au sein des Télécoms et des réseaux. Partant de la situation actuelle, il nous conduit à une vision claire et simplifiée des réseaux du futur...

Accessible aux lecteurs non avertis ou voulant parfaire rapidement leurs connaissances : étudiants, ingénieurs, commerciaux..., c'est un exposé clair, sans approche théorique superflue, qui aidera à démêler l'écheveau parfois compliqué des multiples réseaux et services offerts.

En peu de mots, les Télécommunications et les réseaux... "mais c'est très simple !"

Gabriel CORNIER

Mission Etudes et Coordination Techniques

FRANCE TELECOM

Avant-propos

Les réseaux, vaste programme ! Il existe une abondante littérature qui en parle fort bien et à des degrés divers. Dans chaque domaine spécifique, les spécialistes trouvent d'excellents ouvrages détaillés, dont certains considérés comme des bibles!

Les intentions de celui-ci sont modestes, comparé à ceux-là. Il se propose de brosser un tableau très général de l'évolution des concepts et des techniques de communication, depuis les débuts jusqu'aux réseaux à valeur ajoutée de demain. Il n'a pas la prétention de servir de référence, mais seulement de tenter d'expliquer les principaux mécanismes, en se limitant à l'essentiel. Sous un aussi faible volume, il ne peut être exhaustif, notamment quant aux innombrables normes et aux constructeurs ayant pignon sur rue. Quelques-uns sont cités lorsque l'illustration d'un principe l'exige.

Ce livre est donc destiné à ceux qui veulent savoir "comment ça marche", ou qui éprouvent le besoin de combler des petites lacunes de leur "culture". On ne saurait leur en vouloir, tant cette discipline comporte de facettes !

□□□ 1

Le réseau téléphonique actuel

En 1876, Alexander Graham Bell inventait le téléphone. Il rendait possible une conversation à distance grâce à un support constitué de deux fils de cuivre : "une paire". Les ondes sonores, matérialisées par la vibration de l'air, étaient converties à l'aide d'un microphone en courant électrique propagé par la ligne. Le son était restitué au correspondant par les vibrations de la membrane d'un écouteur, ancêtre de nos enceintes acoustiques. La conversion dans les deux sens était donc strictement "analogique". Le téléphone "numérique" de demain est au disque laser ce que celui d'aujourd'hui est au bon vieux microsillon.

Mais dès à présent, tout un chacun peut communiquer avec n'importe quel abonné de cette gigantesque infrastructure qu'est le réseau téléphonique mondial, qui en comporte plusieurs centaines de millions. Pour en arriver là, que de chemin parcouru! Il aura fallu mettre en oeuvre des moyens énormes et dépenser beaucoup d'énergie pour que le système devienne cohérent à travers la planète entière. La normalisation des concepts et des techniques utilisées y a fortement contribué.

La commutation

L'obligation de relier les utilisateurs deux à deux aurait rapidement conduit à un enchevêtrement de lignes impossible à gérer et d'ailleurs, irréalisable. Il suffit d'observer le croquis ci-dessous pour se rendre compte que le nombre de liaisons nécessaires pour raccorder 5 abonnés est égal à 10. Le raccorde-

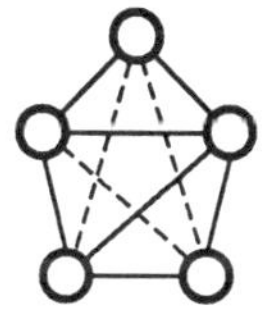

1 - Liaisons d'abonnés sans commutation

ment d'un abonné supplémentaire fait passer ce nombre à 15. En fait, il augmente, pour n utilisateurs, selon la loi N = n(n-1)/2. Je vous laisse le soin de faire le calcul pour les vingt-huit millions d'usagers français !

Le moyen de réduire ce nombre de liens consiste à faire passer **simultanément** plusieurs communications dans le même "conduit" physique (**"multiplexage"**); et à pouvoir **"aiguiller"** chaque communication dans plusieurs directions possibles, en fonction de sa destination : c'est la **"commutation"**. Ces opérations sont réalisées par des "centraux" répartis dans une organisation hiérarchisée dépendant de leur situation géographique. L'information nécessaire pour mener à bien ces tâches est le numéro d'appel. Le réseau est donc constitué de lignes de transmission et d'équipements de commutation. C'est la raison pour laquelle les populations des "Télécom" se réclament d'origines "Trans" ou "Commut", réunies par la technique numérique.

Aux débuts, la commutation a été manuelle, à l'aide de fiches (le 22 à Asnières !), puis électromécanique avec des relais. Ces dispositifs ont pour but d'assurer de proche en proche, une continuité "physique" de la ligne. Lorsqu'une communication est établie entre deux correspondants, une liaison "en dur" leur est affectée pendant toute sa durée. Elle est constituée de tronçons raboutés. C'est la commutation de **"circuits"**. Les spécialistes parlent généralement de **RTC**, pour le Réseau Téléphonique Commuté. La sélection des chemins s'opère par étapes successives car la structure du numéro d'appel est également liée à l'implantation. Des groupes de deux chiffres identifient des zones géographiques de transit et de distribution (centres primaires et secondaires, centres à autonomie d'acheminement). Les quatre derniers chiffres sont propres à l'abonné.

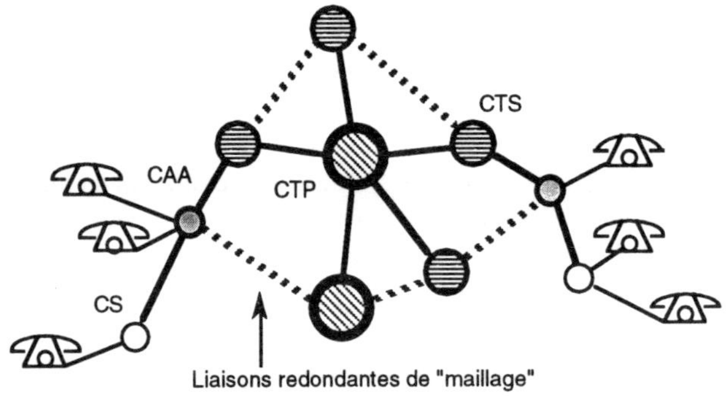

2 - Représentation simplifiée du réseau téléphonique

La figure 2 représente une portion de réseau à plusieurs niveaux de concentration. D'abonnés tout d'abord, avec les centres satellites, puis de "groupes" de lignes (ou circuits), par des centres de transit.

Dans la réalité, la continuité "métallique" des lignes existe rarement. Les signaux électriques subissent au cours de leur propagation, un affaiblissement et des déformations dus à des effets indésirables mais inhérents à l'utilisation de fils conducteurs proches les uns des autres. C'est pour cette raison que des filtres correcteurs sont insérés à intervalles réguliers (pupinisation, du nom de l'Ingénieur Pupin qui a mis au point la méthode). Des "bruits" spontanés (bruit blanc) ainsi que d'autres, induits par des phénomènes électromagnétiques ambiants, auront pour conséquence de superposer des composantes parasites au signal utile qui se dégrade progressivement et de manière irréversible (la friture!).

Pour transmettre la parole dans de bonnes conditions, une ligne téléphonique utilise une **"bande passante"** se situant entre 300 et 3400 Hz. Cela signifie que la ligne ne "laisse passer" que les signaux dont les fréquences sont comprises entre ces limites. La Fig. 3 représente un signal électrique sinusoïdal en sortie d'un oscillateur électronique, par exemple. Il est caractérisé par deux paramètres :

- son amplitude

- sa fréquence, qui est le nombre de cycles -ou d'oscillations- par seconde, exprimée en Hz (Hertz). Les stations radio ou de télévision émettent parfois un sifflement caractéristique destiné au réglage des récepteurs. Sa fréquence est de 1000 Hz (1 kiloHz ou kHz). La voix, manifestation audible d'un phénomène vibratoire, se présente sous la forme d'un signal complexe à la sortie d'un microphone.

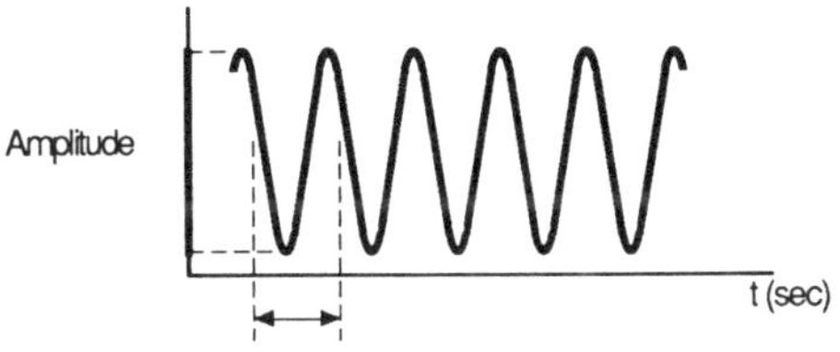

3 - Signal électrique sinusoïdal "pur"

On démontre mathématiquement qu'il résulte de la superposition de signaux sinusoïdaux : la fondamentale, d'une part, et un grand nombre d'ondes de fréquences multiples de la fondamentale, d'autre part, appelées harmoniques. C'est l'amplitude relative de certaines d'entre elles qui différencie les sons (timbre). Un dispositif sonore fidèle est sensé reproduire sans distorsion les fréquences audibles par une oreille normale, entre 20 et 20.000 Hz (la bande passante des appareils "HiFi"). C'est dire à quel point le téléphone actuel ne fournit qu'une qualité acceptable pour la parole. La bande passante est tout à fait insuffisante lorsqu'il s'agit de transmettre des variations très rapides de niveaux d'un signal numérique destiné à un équipement de données, en raison du nombre important d'harmoniques hautes fréquences nécessaires. Une transformation du signal s'impose, c'est à cela que servent les "modems".

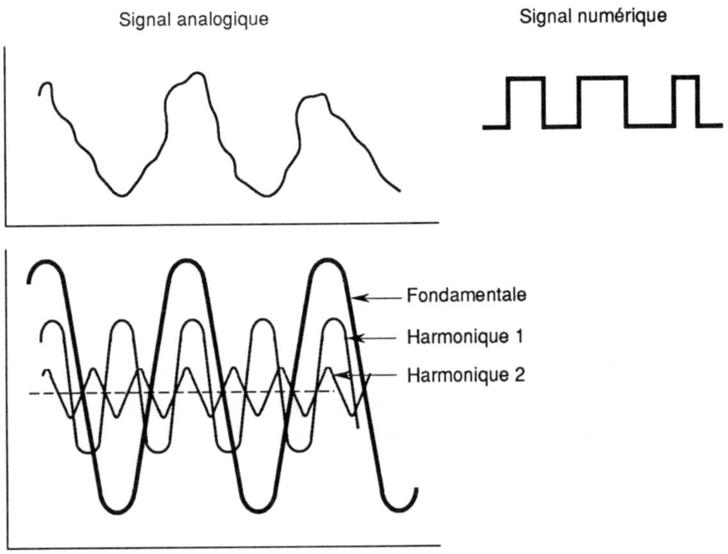

4 - Allures de signaux analogique et numérique

Le multiplexage

A chaque niveau hiérarchique du réseau, les centraux ("noeuds" de transit et de raccordement) remplissent des fonctions de concentration. Les liaisons d'extrémité, ou lignes d'abonnés, ne sont pas partageables. En revanche, si la commutation permet de diminuer le nombre de liens inter-centraux (ou artères), il est évident qu'ils doivent supporter un nombre de voies d'autant plus élevé que la taille du centre de rattachement sera importante. Les caractéristiques des conduits physiques suivent la même progression. De lignes 2 fils de 0,4 mm de diamètre, on passe à des conducteurs de plus grand diamètre, puis à des groupes de "quartes" (2 paires) en faisceaux, etc. La technique utilisée naguère pour augmenter la capacité des liens consistait en un multiplexage "en fréquence".

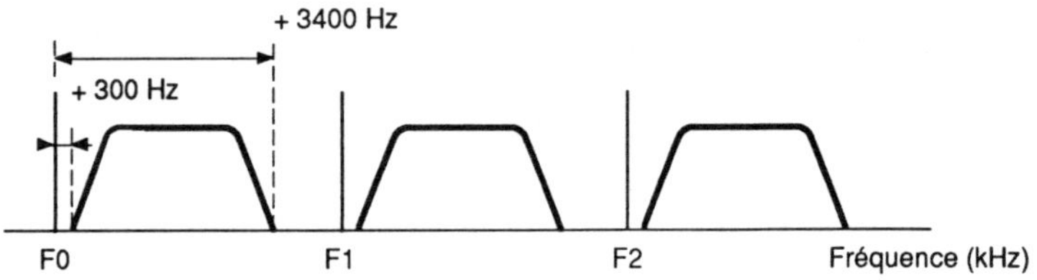

5 - Multiplexage spatial

Pour chaque voie téléphonique à multiplexer, on ajoute une fréquence fixe, appelée porteuse, à l'ensemble des fréquences comprises entre 300-3400 Hz (modulation). En utilisant des porteuses judicieusement espacées, il est possible de juxtaposer plusieurs canaux, la bande passante (BP) absolue de chacun d'eux restant égale à 3100 Hz. Les signaux composites qui en résultent sont appliqués sur la ligne. L'organe récepteur restitue chaque canal dans la bande habituelle en effectuant l'opération inverse ("filtrage" et démodulation). Un "groupe primaire" comporte 12 voies, un groupe secondaire, 60 (soit 5 groupes primaires). Cinq groupes secondaires forment à leur tour un groupe tertiaire de 300 voies, qui avec deux autres, constituent un groupe quaternaire de 900 canaux dans la bande 8516-12.388 kHz.

A ce stade, les lignes ne sont plus de simples fils de cuivre, mais des câbles coaxiaux beaucoup plus performants. Ils se composent d'une âme et d'une enveloppe métalliques séparées par un isolant. Un autre support de transmission utilisé pour les forts trafics est le faisceau hertzien. Il s'agit d'un "canal" d'ondes radioélectriques très directives entre deux stations "visibles", munies d'antennes paraboliques.

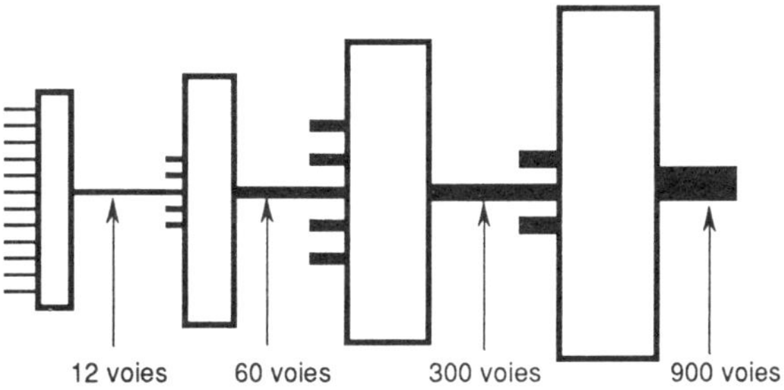

6 - Hiérarchie du réseau analogique

La signalisation

Le réseau téléphonique véhicule non seulement la parole, mais aussi des informations de supervision indispensables. Chaque phase d'une communication téléphonique doit être parfaitement identifiée par l'utilisateur et par le réseau. Au décrochage, un courant continu fourni par des batteries circule dans la ligne d'abonné. Détecté par le central, il déclenche la tonalité d'appel ("signal d'enregistreur" émis dans la bande allouée). La numérotation consiste à "hacher" le courant continu pour générer des impulsions qui seront exploitées par les commutateurs. Les signaux électriques relatifs à ces opérations, avec la sonnerie et le raccrochage, constituent la signalisation. Elle est acheminée sur le même support et dite "voie par voie" dans ce cas, par opposition à celle empruntant un canal séparé (cf chapitre sur le RNIS).

Le téléphone moderne

Depuis quelques années, le réseau téléphonique -en France particulièrement- s'est doté d'équipements ayant bénéficié des apports technologiques, de l'informatique notamment. D'ici peu, le réseau français sera "tout numérique". Les conséquences à moyen terme, bouleversent fondamentalement l'approche de cet outil que constitue le téléphone de demain. Les progrès résident, entre autres, dans la capacité à absorber des flux beaucoup plus importants, donc une meilleure disponibilité du réseau, tout en offrant une qualité et une sécurité sans comparaison avec celles d'hier. En ce qui concerne la transmission des données, les nouvelles techniques permettent de garantir des taux d'erreurs notablement plus faibles, en association avec des temps de transferts sensiblement diminués. Enfin, et ce n'est pas la moindre des nouveautés, le réseau public propose aux usagers privés et professionnels un nombre sans cesse croissant de services, que laissait présager "l'explosion" du Minitel.

2

La numérisation

On a évoqué les difficultés relatives à la transmission en ligne d'informations de type analogique, qui peut entraîner des taux d'erreurs élevés. La numérisation apparaît comme la solution définitive. Elle consiste à échantillonner le signal à intervalles réguliers et à coder les grandeurs mesurées sous forme numérique. Le procédé porte le nom de MIC (Modulation par Impulsions et Codage) ou PCM (Pulse Code Modulation).

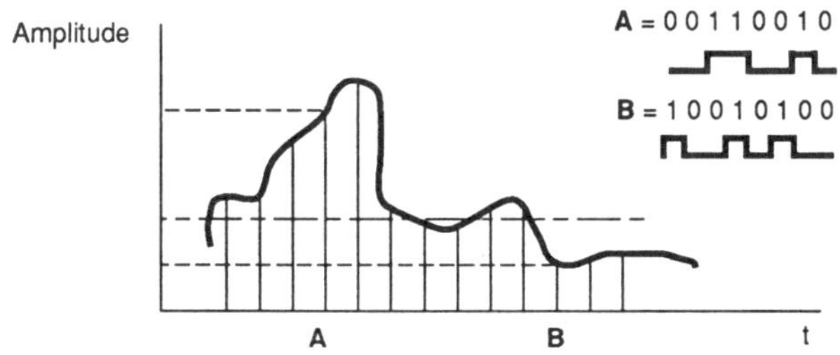

1 - Echantillonnage du signal

Le codage

La valeur numérique instantanée d'un signal est son amplitude exprimée par un nombre binaire de 8 "chiffres", ou "bits" (de BInary digiT). Pour des raisons de commodité, l'informatique a adopté ce système qui ne comporte que deux états (il faut qu'une porte soit ouverte ou fermée!). De même que dans un nombre décimal (de base 10), les chiffres ne peuvent prendre que les valeurs 0 à 9, c'est-à-dire au maximum la base moins 1; dans un nombre binaire (de base 2), ils se limitent aux valeurs 0 et 1. Chaque rang (unités, dizaines, centaines) d'un nombre décimal représente le multiplicateur d'une puissance de la base. Par convention, la base élevée à la puissance 0 est égale à 1. Ainsi, le nombre 249 se décompose en :

$2 \times 10^2 + 4 \times 10^1 + 9 \times 10^0$, soit 200 + 40 + 9

Si l'on additionne 1 à ce nombre, 9 étant le chiffre le plus élevé possible, le rang considéré passe à 0 et il y a report sur le rang suivant.

Les nombres binaires obéissent aux mêmes règles, pour les puissances de 2. Le chiffre décimal 9 s'écrit 1001, soit :

$1 \times 2^3 + 0 \times 2^2 + 0 \times 2^1 + 1 \times 2^0$, donc 8 + 0 + 0 + 1

Ce nombre augmenté de 1 devient 1010 (10 décimal). Il y a bien eu passage à 0 du dernier rang et report.Le nombre décimal 249 converti en binaire donne : 1111 1001. L'opération binaire 1 + 1 = 0 est réalisée par la fonction "ou exclusif" des systèmes de traitement de données.

Revenons à notre signal. Son amplitude instantanée sur 8 positions, que nous appellerons dorénavant bits, pourra prendre 256 valeurs distinctes, de 0 (tous les bits à 0) à 255 (tous les bits à 1). Si le bit de "poids fort" (le plus à gauche) représente le signe +/-, les valeurs du signal par rapport à une valeur moyenne varient entre + et - 127. La nécessité d'échantillonner à une fréquence supérieure au double de la fréquence la plus élevée dans la bande passante allouée conduit à le faire 8000 fois par seconde. Les échantillons étant codés sur 8 bits, une communication téléphonique numérisée a un débit de 8000 x 8 bits par seconde, ou 64 kbit/s. C'est le prix de la qualité! Ces canaux constituent aujourd'hui les "briques de base" des réseaux numériques.

Contrairement aux signaux analogiques, le risque d'erreurs de transmission est pratiquement nul pour des informations numériques, grâce aux possibilités de contrôles sur des nombres. Notons à ce propos qu'une erreur affectera peu, voire pas du tout la parole (parasite), mais qu'elle pourra perturber gravement une transmission de données. En revanche, la propagation de la voix est **isochrone**, elle ne tolère aucun retard, alors que les équipements de données y sont généralement insensibles. Car la voix et les données possèdent dorénavant la même structure codée, le réseau devient "transparent" à la nature des informations.

La trame MIC

(E1 en Europe, Loi de codage A)

Trente-deux canaux à 64 kbit/s numérotés de 0 à 31, appelés intervalles de temps (IT), constituent une trame MIC à 2048 kbit/s. Pour simplifier, on dit généralement 2 Mbit/s (Mégabits par seconde). Sachant que l'IT d'une communication transporte un élément d'information sur 8 bits, les trames doivent impérativement se succéder au rythme de 8000 par seconde pour assurer le débit de 64 kbit/s nécessaire, c'est-à-dire tous les 125 millionièmes de seconde (microseconde). La transmission est de type **synchrone.** Une des difficultés majeures à résoudre était d'ailleurs la synchronisation des "horloges" des éléments constituant le réseau. Elles doivent être pilotées par une source unique, parfaitement stable et "secourue" par une deuxième source identique en cas de défaillance. Les trames sont émises dans chaque sens sur une paire séparée. En Amérique du Nord et au Japon, des réseaux semblables utilisent des "trains" à 1,544 Mbit/s de 24 voies (T1, Loi de codage μ).

Deux intervalles de temps de la trame sont réservés à des fonctions particulières. L'IT0 sert à la synchronisation, ou "verrouillage" des équipements émetteurs et récepteurs. Quant à l'IT16, il est affecté au transport de la signalisation toujours nécessaire, mais cette fois sous forme codée. Un MIC comporte donc 30 voies utiles, simultanées. C'est de cette manière qu'est réalisé le multiplexage dans les réseaux numériques.

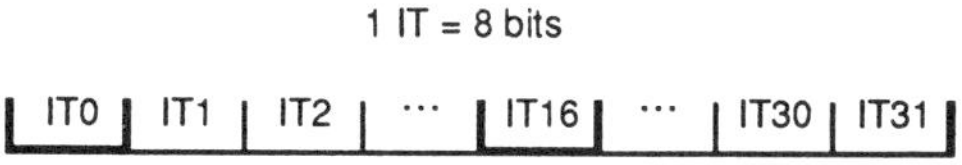

2 - Trame MIC

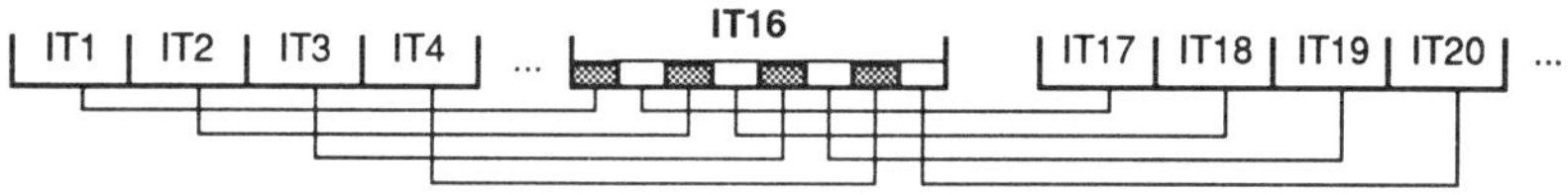

3 - Transport de la signalisation dans l'IT16

Chacun des 8 bits de l'IT16 constitue une partie de la signalisation d'un des canaux de la trame. Le bit 1 est le premier des 8 bits de signalisation de l'IT1, le bit 2, le premier de l'IT17, et ainsi de suite. Le bit suivant pour une voie se présente toutes les quatre trames et par conséquent, 32 trames successives sont nécessaires afin que chaque voie puisse reconstituer sa signalisation complète. L'ensemble des trames 0 à 31 est appelé multitrame. L'IT0 de la trame 0 assure le verrouillage pour le groupe.

La commutation temporelle synchrone

A présent, la commutation ne peut plus être confiée à des relais, mais à de véritables ordinateurs puissants et rapides, par la force des choses! Elle est "temporelle", par opposition à l'ancienne, dite "spatiale". La commutation consiste maintenant à extraire les IT d'un train entrant à 2 Mbit/s et à les insérer dans les IT libres de trains sortants, dans la direction souhaitée et sans oublier les bits de signalisation associés. Cette opération porte aussi le nom de "brassage" d'IT.

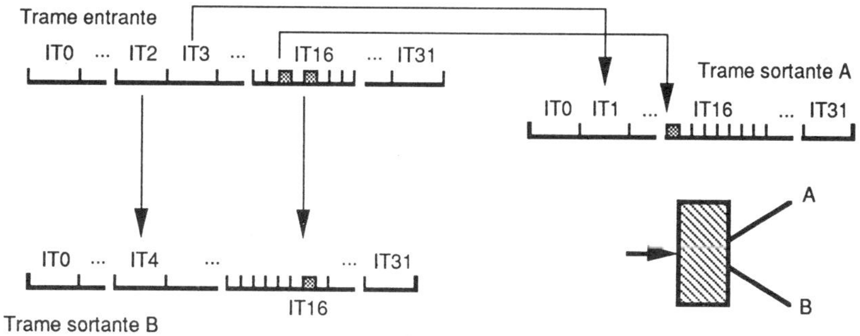

4 - Commutation temporelle (pour plus de clarté, une seule trame entrante a été représentée)

D'autres améliorations liées à ces changements ont été apportées. L'utilisation de combinés téléphoniques à "fréquences vocales" permet de réduire considérablement le temps de numérotation. Les impulsions sont remplacées par des "tops" sonores normalisés (multifréquence). En ce qui concerne les supports eux-mêmes, la fibre optique est de plus en plus utilisée. Les signaux électriques sont convertis en signaux lumineux dans le domaine de l'infrarouge, au moyen de diodes électroluminescentes ou laser. Les débits atteignent plusieurs Gbit/s (Gigabits, ou 10^9 bits). L'âme des fibres optiques est constituée d'un "conducteur de lumière" en silice dopée, de quelques microns de diamètre, enrobé dans une gaine et pratiquement insensible aux perturbations extérieures. Il en existe de type multimode (50 microns) ou monomode (10 microns). Des portées de plusieurs dizaines, voire centaines de kilomètres sans répéteurs peuvent être obtenues, pour des débits de l'ordre de 16 fois 140 Mbit/s (plus de 30.000 communications).

La hiérarchie synchrone

Comme dans le réseau analogique, les voies numériques sont regroupées en arborescence par des "multiplex" primaires, secondaires, etc. On constate que les niveaux hiérarchiques ne sont pas des multiples exacts les uns des autres. Des informations de supervision supplémentaires sont nécessaires pour accéder aux débits supérieurs. Le réseau est en fait **plésiochrone,** car la synchronisation ne peut être assurée de bout en bout, elle n'est effective que pour des portions du réseau. On verra plus tard pour quelles raisons.

Remarquons qu'en cas d'incident, panne ou rupture d'un câble, les communications en cours sont interrompues et doivent être rétablies à l'initiative des correspondants. Toutefois, le réseau est "maillé", ce qui signifie qu'il existe plusieurs chemins possibles ("routes") pour atteindre un abonné (cf. la Fig. 1 du Chap. 1).

❑❑❑ 3

La transmission des données

Les premiers calculateurs ne supportaient guère plus d'un interlocuteur à la fois. Et encore fallait-il qu'il parle le binaire "dans le texte" pour appuyer sur les bons boutons et allumer les bons voyants! Ces pupitres peu commodes, avec l'apparition de "langages" codés un peu plus simples, se sont transformés rapidement en machines à écrire électriques. Elles étaient connectées au moyen de câbles et de prises : les **"interfaces"**. C'était l'ère des "Teletype" et le début de "l'ouverture sur le monde extérieur". Les bonds spectaculaires réalisés en termes de puissance de traitement et d'utilisateurs supportés par les gros ordinateurs ont provoqué la décentralisation des applications : l'informatique "distribuée". Le nombre sans cesse croissant d'accès externes a d'ailleurs fini par surcharger l'unité centrale, à tel point qu'il a fallu lui adjoindre un second processeur pour les gérer : le "frontal" de télécommunication (FEP, Front End Processor).

Les câbles d'interface ne pouvaient transporter des informations binaires au-delà de quelques mètres. Mais le téléphone existait, il n'y avait qu'à s'en servir. Rien n'empêche en effet, de transmettre l'information via le réseau commuté (RTC), à condition de s'y adapter et moyennant quelques concessions. La qualité des circuits commutés analogiques n'est pas garantie pour les données, d'une part, et ce sont typiquement des lignes "2 fils", d'autre part. Or, on le verra, la transmission simultanée dans les deux sens ne va pas sans poser quelques petits problèmes sur un support unique. C'est la raison pour laquelle le réseau public met à la disposition des informaticiens des lignes louées, ou spécialisées **(LS)**. Elles sont "privées" dans la mesure où le locataire seul en a le droit d'usage. Ces liaisons sont prélevées sur le réseau existant et disponibles en 2 ou 4 fils (une paire émission et une paire réception). Dans ce dernier cas, elles répondent à des critères précis d'affaiblissement et de "temps de propagation de groupe" (de fréquences), correspondant à des "gabarits" qui leur confèrent soit une qualité normale (QN), soit une qualité supérieure (QS). Pour relier entre eux les centraux téléphoniques d'entreprises, il existe également des lignes privées inter-autocommutateurs **(LIA)**.

Pour les Equipements Terminaux de Transmission de Données **(ETTD** dans le jargon des "communiquants"), l'idéal serait de pouvoir dialoguer directement en binaire. L'élément de base constituant **les messages** qu'ils échangent est le "caractère". Il est formé par un groupe de bits, le plus souvent 8 : un octet ou "byte". Les bits sont transmis les uns après les autres, en série. On a vu précédemment comment convertir un nombre décimal en binaire. La combinaison 1100 1001 "vaut" 201. Pour des raisons de commodité de représentation, on associe aux 16 valeurs possibles d'un groupe de 4 bits (de 0000 à 1111), les chiffres 0 à 9, puis les lettres A à F. C'est la notation hexadécimale. Le nombre 201 s'écrit alors plus simplement : "C9". Mais, **par convention,** à cette valeur peut correspondre le code d'un signe alphabétique : lettre, chiffre ou ponctuation. C'est pourquoi ces codes sont dits "alphanumériques". Parmi les nombreux systèmes normalisés, citons le code télégraphique à 5 états ou "moments" du Télex, appelé aussi Baudot, du nom de l'inventeur du premier appareil de ce genre. Plus récents, l'ASCII (American Standard Code for Information Interchange) à 7 bits, donc 128 codes possibles; et l'EBCDIC (Extended Binary Coded Decimal Interchange Code) à 8 bits (256 codes). A ce jour, c'est le plus utilisé en transmission de données informatiques. "C9" est en fait le code du "I" en EBCDIC, "F1" celui du chiffre 1. L'allure du signal électrique correspondant est la suivante :

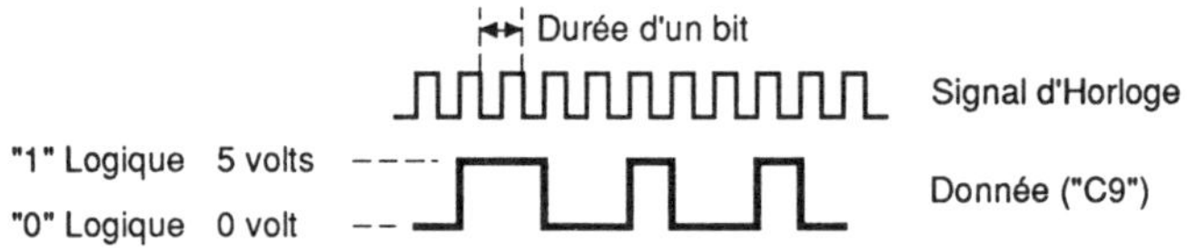

1 - Codage de l'information

Les changements de niveaux, ou transitions, sont extrêmement rapides et déclenchés sur les "fronts" d'un signal de référence de temps, ou "horloge". Les fronts du signal utile, ainsi que les niveaux de tension eux-mêmes, s'altèrent au fur et à mesure de leur propagation en ligne, d'autant plus vite que la section des conducteurs est faible. On détermine une distance au bout de laquelle la discrimination des "0" et des "1" devient difficile. C'est la portée maximum, caractérisant notamment les liaisons **"Bande de Base"** (BdB). De telles lignes (2 ou 4 fils), purement métalliques (sans répéteurs), possèdent une bande passante très large permettant la transmission directe d'une information numérique. Très économiques, elles étaient attribuées en zone urbaine pour des distances de quelques dizaines de km, en fonction des débits (jusqu'à 19,2 kbit/s), mais ne sont plus disponibles aujourd'hui. Toutefois, ce mode de transmission continue à être exploité dans des enceintes privées, ainsi que par France Télécom, pour les raccordements numériques, par exemple.

En réalité, le signal de la Fig. 1 n'est pas appliqué tel quel sur le support. Son énergie n'est pas constante, elle est maximum aux fréquences basses et décroît rapidement lorsque les fréquences augmentent (spectre de puissance). Afin de mieux répartir cette énergie en fonction des caractéristiques de la ligne, on modifie le nombre de transitions du signal par un **"transcodage"**.

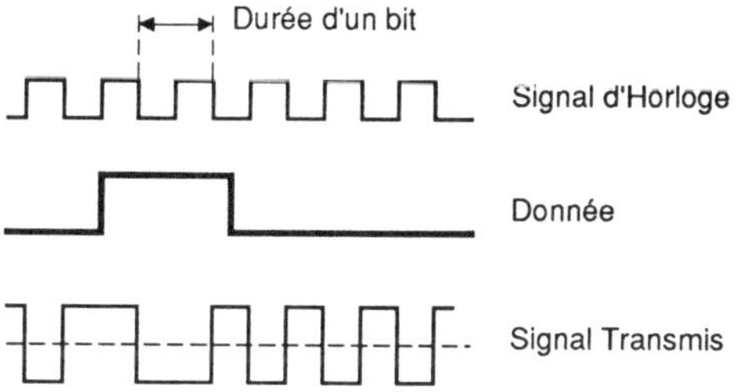

2 - Transcodage de l'information

Une méthode consiste à utiliser deux fréquences, l'une pour coder les "1", l'autre, double de la première, pour coder les "0". Dans le but de supprimer la composante continue du signal électrique correspondant à un courant nul difficile à transmettre (état "0"), on peut notamment le rendre symétrique par rapport à une valeur moyenne. Ce mode est dit "NRZ" (Non Return to Zero). Il existe de nombreuses lois de codage appelées biphase, bipolaire, bipolaire entrelacé d'ordre 2, etc. Une variante "hauts débits" de la version bipolaire a été retenue pour les trames MIC synchrones. Des séquences sont rajoutées ("bourrage") pour éliminer les successions de plus de trois "0" consécutifs (HDB3). Ces trames sont transmises en bande de base, par des TNL (Terminaux Numériques de Ligne), avec une régénération du signal tous les 2 km environ.

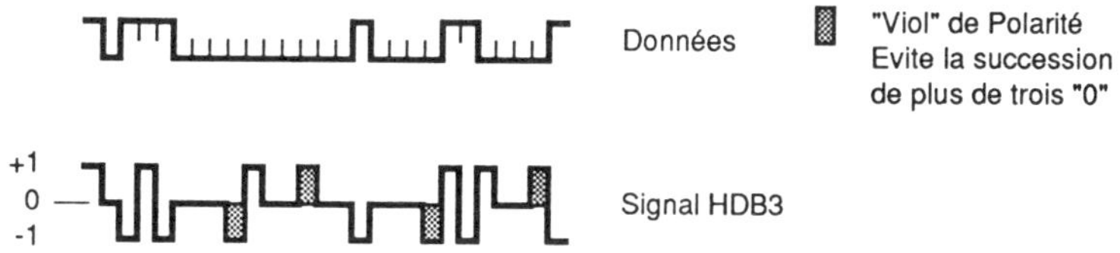

3 - Code utilisé sur les canaux MIC

Les fronts du signal transcodé émis resynchronisent l'horloge bit de l'équipement récepteur, car il comporte à la fois l'information utile **ET** celle d'horloge. L'échantillonnage des niveaux s'effectue après chaque transition de la base de temps pour reconstituer l'information transmise. Elle est ensuite décodée pour restituer les données réelles. Les dispositifs d'adaptation du signal aux lignes "métalliques" sont assez simples et s'appellent "Emetteurs/Récepteurs en Bande de Base" (ERBdB).

La modulation

Sur des lignes longues distances (RTC ou lignes spécialisées LS), la technique Bande de Base n'est plus envisageable. On a recours à la modulation, comme en radio. Dans l'air, la puissance et les fréquences relativement faibles de la voix limitent considérablement sa portée. Une fréquence élevée possédant de meilleures qualités de propagation, la porteuse, sert -comme son nom l'indique- à transporter les sons au loin. Une caractéristique (amplitude, fréquence ou phase) de l'onde porteuse va évoluer dans le temps au rythme du signal basse fréquence, ou modulant. Le signal composite résultant est émis, après amplification, par une antenne. A la réception, des "discriminateurs" relativement simples restituent l'information en éliminant la fréquence porteuse, devenue inutile.

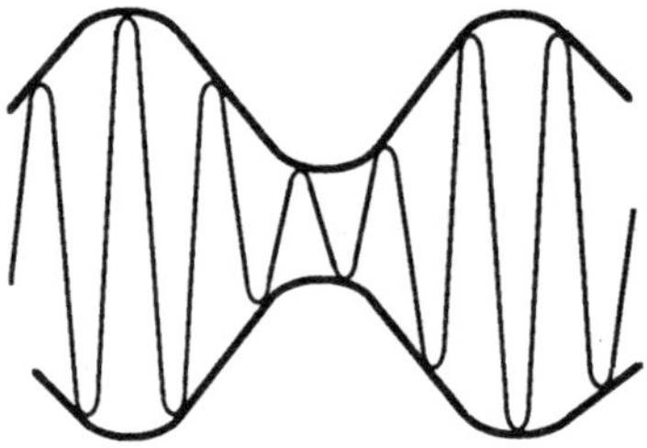

4 a - Modulation d'amplitude

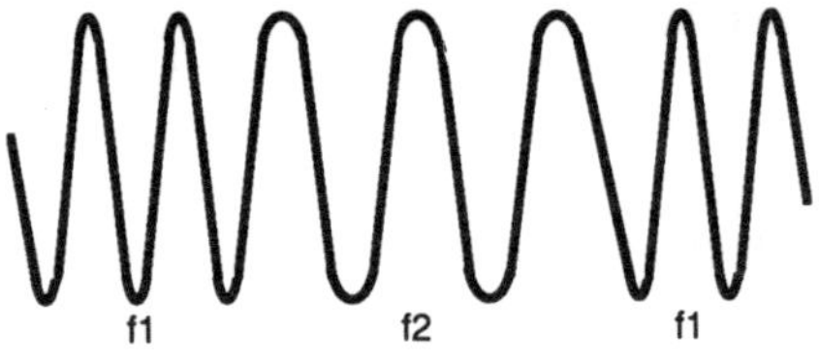

4b - Modulation de fréquence

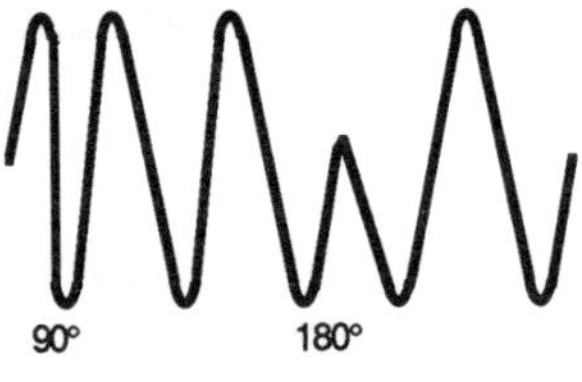

4c - Modulation de phase

Les appareils qui remplissent cette fonction dans le cadre d'une transmission de données sur câbles sont des "modems" (Modulateur/Démodulateur). Les puristes les appellent aussi **ETCD**, Equipements Terminaux de Communication de Données. Quel rapport peut-il y avoir entre les signaux "carrés" de données et ceux de la Fig. 4 ? La réponse viendra en son temps, mais d'ores et déjà, en admettant que les bits "1" soient convertis en une fréquence sinusoïdale f1, et les bits "0" en une autre fréquence f2, on constate que la porteuse modulée ressemble à celle de la Fig. 4b. Bref, nous avons à présent tout ce qu'il faut pour établir une communication "physique" de données : des terminaux de transmission de données ETTD, une ligne et des ETCD.

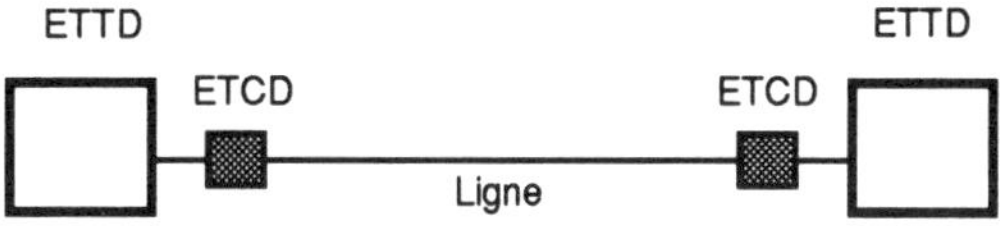

5 - Liaisons de données

C'est déjà beaucoup, mais le but final, c'est quand même de permettre le dialogue entre des applications hébergées par deux systèmes informatiques.

Le choix d'un modem (ou plutôt de modems, car ils ne peuvent fonctionner que par paires) dépend essentiellement du type de ligne utilisée, et par conséquent, des applications traitées. Elles se divisent en deux grandes catégories : le **"transactionnel"** (interactif) et le **"transfert de fichiers"**. Les terminaux de réservation d'une agence de voyages ou d'un guichet de banque constituent deux exemples de traitement transactionnel, ou conversationnel. Les consultations n'ont lieu que lorsqu'un client se présente et se limitent à des échanges très brefs avec l'ordinateur (horaire d'un avion, position d'un compte). Toutes ces informations sont stockées dans des fichiers en "mémoires de masse" (disques magnétiques) et sélectionnées selon un mode "question/réponse" au niveau de **l'application**. Toutefois, ces opérations doivent pouvoir être exécutées instantanément, à la demande. Il est donc exclu que la communication soit établie à chaque fois, en raison du temps nécessaire.

L'autre type de traitement pourrait être illustré par une chaîne d'hypermarchés. La tarification dégressive favorise les mises à jour nocturnes des énormes fichiers centraux (commandes, stocks, recettes). Dans ce cas, les transferts s'effectuent en une seule fois, mais durent relativement longtemps, compte-tenu des volumes importants. Le temps d'établissement de la connexion est négligeable comparé à celui de la transmission elle-même. C'est pourquoi l'agence bancaire choisira plutôt un support permanent, donc une ligne spécialisée, bien que les débits soient faibles. Mais le tarif de location de la ligne étant forfaitaire, il est indépendant du nombre et de la durée des communications. On verra par la suite comment optimiser l'utilisation du lien, c'est-à-dire faire en sorte que le débit utile soit maximum pour le débit nominal du lien.

L'hypermarché optera au contraire, pour un mode "avec appel", donc le réseau commuté. Cette fois, le temps de connexion est une composante primordiale de la "facture télécom". Il ne s'agira pas obligatoirement du RTC, à cause des débits élevés nécessaires, mais il en existe d'autres éventuellement mieux adaptés. Il ressort de ces deux exemples simples que "la" solution en transmission de données est une recherche permanente de compromis, chaque situation constituant un cas d'espèce.

Les applications précédentes sont pratiquement toujours traitées en mode "synchrone" pour des questions de performances. Il en existe un autre :

Le mode asynchrone

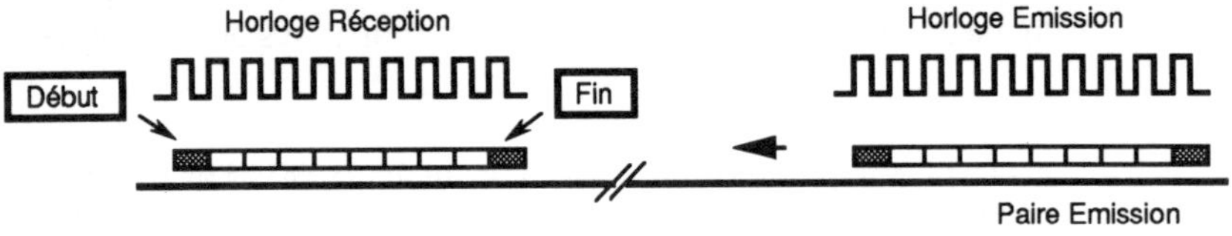

6 - Mode asynchrone (caractères)

Certains terminaux "non intelligents" comme les téléimprimeurs ou des consoles écran-clavier -dont le Minitel- envoient un seul caractère à la fois, lorsqu'une touche est actionnée. Le temps séparant deux caractères est donc variable, voire très long, si l'opérateur s'est absenté! L'équipement récepteur doit par conséquent, être averti de l'arrivée d'une donnée. C'est la fonction des bits placés avant et après le caractère, appelés **START** et **STOP.** La technique de transcodage décrite pour les Emetteurs-Récepteurs Bande de Base montre que les transitions du signal coïncidant avec des "tops" d'horloge, l'information transporte aussi sa base de temps. Le START bit est détecté par l'ETCD distant qui active une horloge identique. Elle permet au récepteur de prendre en compte au bon moment le premier bit utile. Cette horloge ne peut pas dériver, puisqu'elle est asservie à celle d'émission par les fronts du signal reçu.

Les ETCD sont des appareils "transparents", ils ne "voient passer" que des trains de bits (transmission série), sans se préoccuper de la signification des codes émis ou reçus. Les terminaux, eux, manipulent des caractères entiers. Le problème n'est pas insurmontable, il suffit qu'ils sachent compter jusqu'à 8 et effectuer une conversion série-parallèle (ou le contraire à l'émission).

Le bit STOP (ou les bits car ils sont parfois deux) désactive les horloges des équipements.

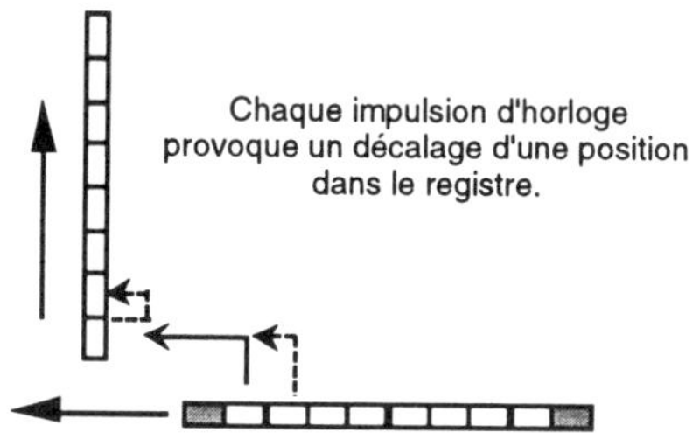

7 - Conversion série / parallèle

Le mode synchrone

Dans ce mode, les terminaux doivent être capables de structurer des messages constitués de caractères accolés, placés dans des **"trames"**. Elles sont délimitées par des "fanions" qui ont un rôle identique aux bits de début et de fin de caractère en asynchrone, à la différence près que dans ce cas, les ETCD sont synchronisés constamment, même lorsque la ligne est au repos. Les modems possèdent une fonction équivalente au transcodage des Em./Réc. Bande de Base. La Fig. 2 montre qu'en l'absence d'information (niveau zéro permanent), un signal d'horloge est transmis continuellement. La synchronisation de l'équipement distant est réalisée au moyen de dispositifs à "Boucle de Verrouillage de Phase" interdisant toute dérive de la base de temps. Cette technique est en principe réservée à des "procédures" de transmission plus complexes, justifiées par des débits nettement supérieurs à ceux atteints en mode asynchrone.

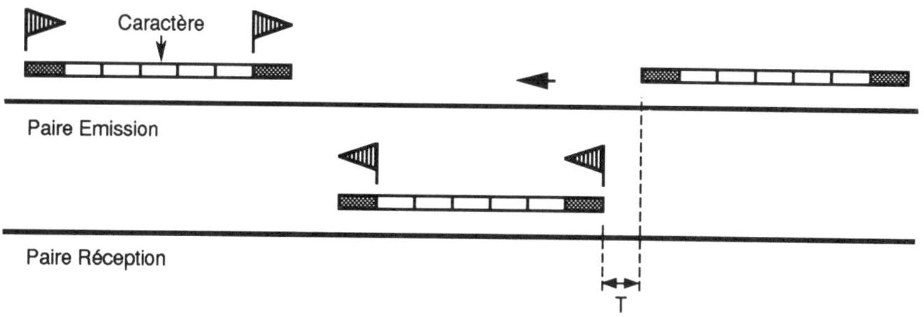

8 - Mode synchrone (trames)

En réalité, les deux procédés fonctionnent en mode question-réponse, au niveau de la **transmission**, car il y a toujours un "accusé de réception" des données. C'est l'**"écho"** en asynchrone (le caractère s'affiche à l'écran après avoir été vérifié et renvoyé par l'équipement distant). En synchrone, cet accusé prend en général la forme d'un message **d'acquittement**.

Remarque importante : contrairement aux trames MIC, émises systématiquement toutes les 125 microsecondes (même vides), celles-ci peuvent circuler à intervalles irréguliers, au rythme d'une application informatique. On a à faire dans ce cas à une transmission asynchrone de messages, en mode synchrone.

Modes bidirectionnels "à l'alternat" et "duplex intégral"

La figure représente une transmission à l'alternat (Half Duplex). Le temps qui s'écoule entre les trames émises et reçues est la somme des temps de propagation et du temps de traitement. Le traitement englobe un contrôle de validité de la trame par l'ETCD (niveau **transmission**), et le traitement proprement dit par le terminal ETTD, qui comporte également un contrôle de validité (au niveau de **l'application**). En mode duplex intégral (Full Duplex), les trames peuvent se "croiser". L'émission et la réception ont lieu simultanément.

En résumé, la transmission de données entre deux matériels homogènes, "parlant le même langage", ne pose pas de problèmes majeurs, on va le voir. La difficulté apparaît quand ils sont d'origines différentes. Mais ça, c'est une autre histoire!

4

Les Modems

Ils méritent bien un chapitre à eux seuls car, après tout, notre "confort" actuel leur doit beaucoup. Sans modems, le Minitel, entre autres, n'existerait même pas! Ces appareils indispensables entre n'importe quel système de traitement de données et une ligne téléphonique, sont les plus normalisés en matière de transmission. Ils appartiennent à des "familles" désignées par des "avis" du CCITT (Comité Consultatif International Télégraphique et Téléphonique). Cet organisme regroupe les principaux exploitants de réseaux dans le monde. Il existe une multitude d'honorables institutions de normalisation de tout ce qui touche aux télécommunications et un "bottin" ne suffirait pas à les présenter toutes! S'il ne faut en citer qu'une, que ce soit le CCITT. Parmi beaucoup d'autres, ses avis - ou recommandations- décrivent notamment les caractéristiques relatives à chaque type de modem, en fonction de son domaine d'utilisation. Ils pourraient faire l'objet de plusieurs ouvrages complets, dont un consacré uniquement aux modems de groupes primaires du réseau téléphonique "interne", ou "coeur de chaîne". Nous nous limiterons ici à l'essentiel.

D'un côté, le modem est connecté à un support de transmission. De l'autre, à un équipement terminal de traitement de données au moyen d'une interface, une "jonction", constituée d'une prise et d'un câble (aspect physique). L'interface implique également une "procédure" de dialogue entre le terminal, l'ETTD, et l'ETCD (aspect fonctionnel).

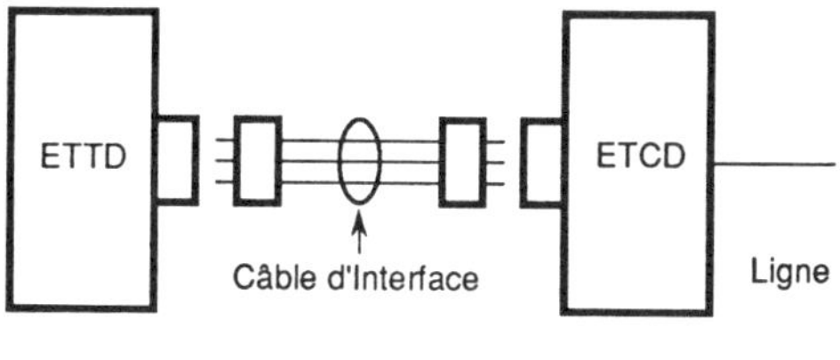

1 - Jonction terminal - équipement de ligne

La jonction

Un certain nombre de connecteurs correspondant à des gammes de débits (< 19,2, < 48, > 48 kbit/s par exemple) sont définis par les avis V24 (25 points),

V35 (34 points) et V36/V37 (37 points). Les tensions appliquées sur les broches du connecteur sont, soit des "états" pour les commandes, soit des signaux de données ou d'horloge. Leurs caractéristiques électriques sont aussi normalisées par des avis. Ainsi, le V28 désigne celles associées aux prises V24, et dans certains cas V35. Les avis V10/V11 se rapportent aux recommandations V36/V37, qui remplacent aujourd'hui la V35.

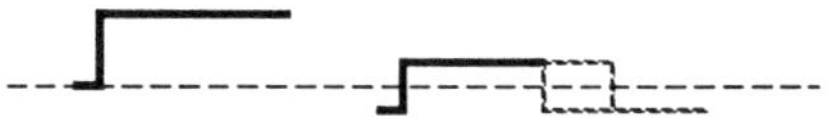

2 - Signaux électriques de jonction (niveaux ou changements d'état)

Les niveaux électriques sont référencés par rapport à un zéro appelé "terre de signalisation", ou symétriques par rapport à cette valeur, lorsque l'ETCD a une **"rapidité de modulation"** plus grande. Cette caractéristique représente le nombre maximum de transitions d'un signal que le modem est capable de traiter en une seconde. Elle s'exprime en Bauds (du même Baudot). Si les transitions du signal correspondent à des bits de données, le débit en ligne, en bits par seconde, est égal à la rapidité de modulation en Bauds. Mais il arrive que le débit soit supérieur à la "vitesse" du modem, on va le voir. La difficulté de gérer le grand nombre de "fils" de l'interface a conduit à la simplifier. Dans ce cas, certaines commandes peuvent être des séquences d'états. Le CCITT désigne ces procédures par la lettre "X". L'avis X24, à titre d'exemple, remplace l'avis V24, en limitant le nombre de circuits à 11. Pour les raisons que l'on sait, la longueur des câbles d'interface est limitée à quelques mètres (quelques centaines en V10/V11).

Tous les procédés numériques sont également régis par des normes précises. La G704 définit la structure de la trame MIC, la G711 la technique de compression/codage du signal vocal. Les caractéristiques électriques des interfaces d'accès à 64 kbit/s sont conformes à l'avis G703. A l'heure actuelle, elles sont pratiquement toujours "co-directionnelles", ce qui signifie que les deux horloges bit et 8 kHz (fréquence d'échantillonnage) sont transmises avec les données de manière symétrique, par opposition au "contra-directionnel". Dans ce dernier cas, les informations d'horloges et de données sont transmises sur des paires différentes.

Les signaux -ou **"fils"**- de jonction, ainsi que les broches correspondantes du connecteur sont repérés par un nombre et une appellation immuables. Schématiquement, quand il désire émettre, le terminal l'indique en appliquant une tension sur le fil "Demande Pour Emettre" - DPE. Lorsque le modem a établi certaines conditions de ligne (émission de porteuse, synchronisation avec l'ETCD distant), il "monte" le niveau "Prêt à Emettre" - PAE. L'ETTD émet alors les données sur le fil 103. L'horloge émission peut être fournie par le terminal (113) ou le modem (114), ce qui est le cas le plus fréquent. L'horloge du signal reçu est transmise à l'ETTD par le fil 115. La tolérance permise sur la base de temps (donc le débit) est extrêmement faible. Afin de passer en revue les principales caractéristiques des modems, il serait bon de revenir aux critères de choix. Mais auparavant, intéressons-nous encore quelques instants à la modulation.

FIL		ETCD
101		TP Terre de Protection
102		TS Terre de Signalisation
103	⟶	ED Emission de Données
104	⟵	RD Réception de Données
105	⟶	DPE Demande pour Emettre
106	⟵	PAE Prêt à Emettre
107	⟵	PDP Poste de Données Prêt
108/1	⟶	CDP Connectez le Poste de Données
108/2	⟶	TDP Terminal de Données Prêt
109	⟵	DS Détection de Porteuse
113	⟶	HET Horloge Emission ETTD
114	⟵	HEM Horloge Emission ETCD
115	⟵	HR Horloge Réception
125	⟵	IA Indicateur d'Appel
140	⟶	B2 Télécommande Boucle 2
141	⟶	B3 Commande Boucle 3 Locale
142	⟶	IT Indicateur de Test

3 - Circuits principaux de la jonction V24

Un procédé relativement simple consiste à moduler une porteuse par deux fréquences distinctes, pour transmettre respectivement les "1" et les "0". Il a déjà été évoqué. Pour des raisons techniques, cette méthode s'applique aux bas débits. Sur des lignes 2 fils, on est amené à se servir de deux porteuses différentes correspondant aux deux sens de transmission, soit quatre fréquences. Pour augmenter le débit, c'est-à-dire le nombre de "moments caractéristiques" du signal pouvant être transmis (transitions) avec une vitesse de modulation donnée, plusieurs types de modulation sont utilisés simultanément. La technique qui va être décrite, en la simplifiant, est dite "Modulation d'Amplitude en Quadrature" (MAQ), dans laquelle des sauts de phase ont lieu en même temps que des changements d'amplitude.

A chaque transition du signal émis sont associés, non plus un bit, mais un groupe de 4 bits pouvant donc prendre 16 valeurs (de "0" à "F" en hexadécimal). Dans la Fig. 4c du chapitre précédent, les fréquences sont successivement en "quadrature" et en "opposition" de phase (déphasages de 90 et 180 degrés). En combinant de toutes les manières, quatre valeurs d'angles de déphasage et quatre amplitudes différentes, on peut transmettre 16 états distincts.

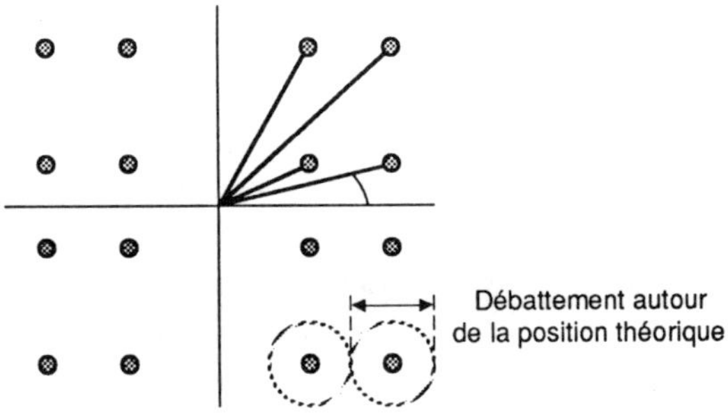

4 - Représentation spatiale des groupes de 4 bits transmis

Chacun d'eux identifie une des 16 valeurs possibles d'un groupe de 4 bits. Le résultat est qu'un modem d'une rapidité de 1200 bauds transmet l'équivalent de 9600 bit/s. La représentation spatiale de la figure porte le nom de "constellation" du modem, qui peut comporter jusqu'à plus de 128 points. Plus ceux-ci sont nombreux, plus les techniques de "lever de doute" entre des points adjacents sont délicates. Ils sont soumis à une "gigue" provoquée par la variation dans le temps des conditions de propagation. C'est pourquoi des bits supplémentaires, ou redondants, sont utilisés à des fins d'auto-correction d'erreurs de décision. Cette fonction est assurée par d'autres types de codage, dits "en Treillis".

Le débit

Sa relation avec l'application est évidente. Pour fixer des ordres de grandeur, disons que le Télex fonctionne en mode caractère à 50 bit/s. Le minitel est disymétrique : 75 bit/s en émission et 1200 en réception (avis V23), mais il n'est pas destiné à une utilisation continue. En informatique classique, la "vitesse confortable" d'affichage d'écrans est de 9600 bit/s. Sur lignes analogiques, c'est encore le débit le plus courant avec les modems V29, bien qu'ils tendent à être remplacés par les V32 et V32 bis. Les transferts de fichiers réclament davantage de débit, les lignes numériques vont pouvoir les satisfaire.

Les supports 2 fils/4 fils (2F/4F)

Les progrès technologiques autorisent maintenant des débits de 9600 bit/s sur lignes spécialisées 2F(ils) et même sur le RTC (V32), alors que pas mal d'années avaient été nécessaires pour évoluer de 1200 à 2400 bit/s. L'intérêt économique est évident, une LS 4F(ils) coûte plus cher qu'une 2F. Dans un premier temps, les modems étaient contraints de dissocier l'émission de la réception, sur des lignes constituées de deux paires dédiées. Par la suite, l'utilisation de porteuses distinctes a permis de réaliser les deux fonctions sur une même paire, pour des débits assez faibles toutefois. Aujourd'hui, grâce à des dispositifs "annuleurs d'écho", des débits nettement supérieurs sont atteints, avec une qualité de support inférieure.

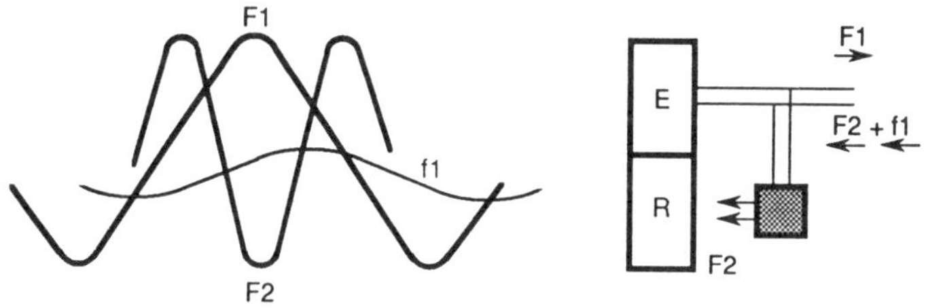

5 - Annulation d'écho

Pour la clarté de la description du principe, nous représenterons la modulation du modem local par la fréquence F1, celle du modem distant par F2. Sur la ligne, lorsque les ETCD émettent simultanément, circule un signal composite qui résulte de la combinaison des deux. A ce signal "propre" s'ajoute l'écho du signal émis. Il s'agit d'une composante parasite, f1, "réfléchie" par l'autre extrémité de la ligne, et de ce fait retardée, ou déphasée, du temps de propagation aller/retour. L'annuleur du modem soustrait du signal composite sa propre modulation et, après un délai adapté, la résiduelle d'écho. Seule la modulation F2 est donc transmise au module réception.

Ce qui distingue un modem pour lignes spécialisées (liaison permanente) d'un modem réseau commuté réside dans les fonctions d'appel, et éventuellement de réponse automatique. La numérotation est commandée par le terminal, ou manuellement à l'aide d'un téléphone. Dans le premier cas, le numéro peut être fourni au modem par l'ETTD, ou mémorisé dans le modem lui-même (modes 108/2 - 108/1). L'ETCD distant est basculé en mode données manuellement ou sur détection du signal de sonnerie. Le modem appelé se connecte en émettant une tonalité de réponse (2100 Hz), puis sa propre porteuse ou une séquence de synchronisation, selon l'avis utilisé.

Ces opérations sont précisées par les avis V25 et V25 bis, ainsi que ceux correspondant au type de modulation (V22, V32, ...). Au bout d'un certain nombre de tentatives de connexion infructueuses, le numéro d'appel doit être "brûlé", cela évite que vous soyez dérangé toutes les deux minutes par un modem qui se trompe de numéro!

Half et full duplex (émission/réception alternatives ou simultanées) —

Ces caractéristiques sont étroitement liées au 2F/4F. Un modem à l'alternat (Half Duplex) convient aux transmissions de type question/réponse, pour des données pouvant être synchrones ou asynchrones et à faibles débits. Dans ce mode, chaque modem joue tour à tour le rôle d'émetteur et de récepteur. Celui qui a l'initiative "monte" sa porteuse qui, détectée par le distant, le force en mode réception. Après traitement de l'information, la même opération s'effectue dans l'autre sens de transmission. Le temps de basculement, ou de "retournement de ligne", est relativement long (plusieurs dizaines de millisecondes) et limite les performances. Pour l'éviter, on peut être amené à utiliser une ligne 4F dont les voies Emission/Réception sont établies simultanément. Un modem **duplex intégral** (Full Duplex) est donc avantageux dans le cadre d'une application de type **à l'alternat**. Cette technique est également possible sur 2 fils, on l'a vu. L'avis V32 bis définit un ETCD Full Duplex sur liaisons spécialisées ou le RTC à des débits jusqu'à 14.400 bit/s.

Asynchrone et synchrone

Ces modes de fonctionnement ont été abordés au chapitre précédent. En synchrone, un procédé portant le nom de "brouillage" se charge de rompre les longues suites possibles de "1" et de "0" des données, pour maintenir la continuité du signal d'horloge. Ce codage est appliqué avant modulation et il est associé au Duplex Intégral sur 2 fils. La transmission synchrone débute par un échange de trames destinées à synchroniser les ETCD, qui le resteront pendant toute la durée de la connexion.

Détection et correction automatique d'erreurs (V42 - MNP4) —

En mode asynchrone, ou "arythmique", il existe une méthode assez simple de contrôle de la validité des informations : la parité. Le format des caractères ne comporte pas toujours 10 bits comme expliqué au chapitre précédent (Fig. 5). En réalité, ce nombre varie entre 9 et 12. D'une part, le code utilisé peut comprendre 7 ou 8 bits, auxquels s'ajoutent 1 bit de START et 1 ou 2 bits de STOP, selon la convention adoptée. Plus, éventuellement un bit de parité.

La somme des bits utiles à "1" doit former un nombre pair (ou impair selon les cas) avec celui de parité, recalculé et comparé à la réception du caractère.

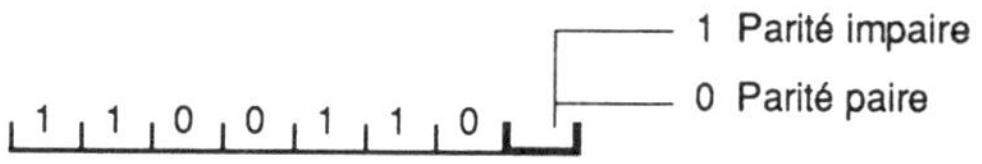

6 - Contrôle de parité

Cette protection est assez fragile, car le passage à "1" ou à "0" d'un couple de bits ne peut être détecté. Si une erreur se produit, le caractère devra être retransmis, ce qui laisse entendre que les modems "discutent" entre eux! En mode synchrone, un contrôle plus sévère des trames est effectué (cf Les Protocoles de Transmission). Pour cette raison, les modems asynchrones réalisent plutôt une transmission...synchrone! Dans ce cas, ils débarrassent les caractères de leur "enveloppe" Start-Stop avant de les placer dans des trames. Le "langage" utilisé par les modems entre eux permet d'ailleurs l'implémentation de toute une série de fonctions auxiliaires. Les techniques de détection d'erreurs propres aux ETCD sont normalisées. Le V42 est une recommandation CCITT. Le MNP4 est une norme "de fait", d'origine privée (MICROCOM). Cette particularité entraîne quelquefois une incompatibilité des modems d'origines différentes. On parle parfois de protocole asynchrone utilisant un bit de Stop et demi! C'est en fait un moyen pour le modem de pallier des écarts de débits du terminal dans une plage assez faible (1 ou 2 %), en faisant varier la durée du deuxième bit Stop.

Compression de données (V42 bis - MNP5)

Les modems synchrones peuvent réaliser une compression des données avant émission, ce qui augmente le débit utile. La méthode la plus simple consiste à remplacer une chaîne de caractères identiques par un nombre limité de symboles. Ainsi, la suite représentée se limite à 3 caractères, C indiquant qu'il y a eu compression. Mais souvent, les ETTD s'en chargent déjà.

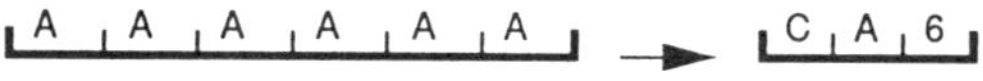

7 - Compression d'éléments répétitifs

Un autre moyen consiste à classer les caractères de manière décroissante en fonction de leur fréquence statistique d'apparition dans les données (dictionnaire). Les codes transmis sont des "pointeurs" dans cette liste (index), dont le nombre de bits est d'autant plus faible que les caractères se répètent souvent. Ce dictionnaire est remis à jour dynamiquement et de manière symétrique par la procédure normalisée d'échange entre les ETCD. Avec des taux de compression variant entre 2 et 4, les modems V32 bis peuvent atteindre des débits nettement supérieurs à 20.000 bit/s sur le réseau commuté.

Les fonctions auxiliaires

Les modems récents, grâce aux microprocesseurs et à la miniaturisation, sont des appareils très sophistiqués, aux fonctionnalités toujours plus nombreuses, sous un volume dérisoire. Ils sont fréquemment multimodes, c'est-à-dire capables d'"émuler" plusieurs des catégories décrites. Un tel modem peut couvrir les avis V21 à V32 (300 à 9600 bit/s, Half et Full Duplex sur lignes spécialisées 2F/4F ou le RTC, en modes asynchrone ou synchrone. Dans ces conditions, leur passage d'un mode à l'autre est programmable, mais ils vont même jusqu'à s'adapter automatiquement au modem qui leur est opposé, par détection du type de porteuse (procédure de "shake-hand"). Une nouvelle configuration peut aussi être téléchargée via la ligne. Cela implique que les modems se servent d'un "canal auxiliaire" situé dans les parties haute ou basse du spectre 300-3400 Hz qu'ils n'utilisent pas en totalité. Mais cette "voie de service" est parfois transmise dans la bande utile. En outre, en cas de rupture du lien principal (LS), la plupart d'entre eux se reconnectent automatiquement via le RTC et rebasculent lorsque la liaison est rétablie (Secours automatique).

Un dispositif "égaliseur" permet aux modems de s'adapter à la qualité du support de transmission. Si elle se dégrade, ils se "replient" d'un commun accord sur un débit inférieur. Une autre fonction intéressante est le rappel automatique (Call Back). Elle assure la sécurité des communications sur le réseau commuté. Le modem appelant transmet un mot de passe, suivi du raccrochage des ETCD. Après contrôle, c'est le modem appelé qui compose, à partir d'une table en mémoire, le numéro correspondant de l'appelant. Enfin, différents bouclages peuvent être commandés, localement (boucle 3) ou à distance (boucle 2). Ils sont réalisés au niveau ligne ou en mode "réception sur émission" et ont pour but de détecter l'élément défectueux en cas d'anomalie de fonctionnement de l'ensemble ligne-modem. En association avec ces bouclages, des séquences aléatoires de test permettent un comptage d'erreurs de transmission (avis V54 et V52).

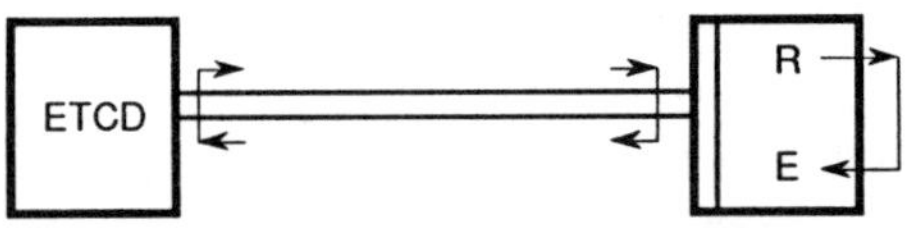

8 - Réalisation des bouclages

La programmation des modems

Elle s'effectue au moyen d'un clavier et éventuellement, d'un afficheur digital intégrés au coffret. Le terminal raccordé peut aussi envoyer des séquences de commandes (dont l'appel), par les fils de jonction. Il utilise dans ce cas une procédure compréhensible par l'ETCD, dont la plus répandue est le jeu de commandes HAYES, du nom du constructeur qui l'a mis au point et devenu également une norme de fait. Le modem rend compte du déroulement des opérations à l'ETTD. Dans les micro-ordinateurs notamment, les modems se présentent sous forme de cartes intégrées. De nombreux "progiciels" (ensemble de programmes formant une application "fermée") comportent un module qui assure cette fonction. Une application informatique peut ainsi, le cas échéant, gérer de manière entièrement automatique les transferts de données qui lui sont nécessaires.

Commandes (Exemples)	AT D P (Numéro)	Appel Automatique Mode Décimal
	AT D T (Numéro)	Appel Automatique Mode Multifréquence
	+++	Passage en mode commande (en ligne)
	ATO	Repassage en Mode Données
	ATH	Libération
Réponses (Exemples)	0	OK
	2	Appel Entrant (sonnerie)
	7	Distant Occupé
	8	Pas de Réponse du Distant

9 - Commandes Hayes

Pour être complet, signalons deux équipements spéciaux : le modem supraphonique, tout d'abord. Il permet la connexion simultanée d'un terminal de données et du téléphone sur une ligne privée. Comme son nom l'indique, les données sont transmises dans une bande située au-dessus de celle allouée normalement (300 à 3.400 Hz). L'autre dispositif n'est pas un véritable modem, d'où son nom "pseudo-modem". On l'utilise entre deux terminaux éloignés de quelques mètres. Pour simuler la ligne et les ETCD, on réalise une légère adaptation électrique et on "croise" les fils de jonction (DPE sur PAE, Emission de Données sur Réception,...) du câble. De cette manière, les signaux reçus par les ETTD sont conformes à ceux fournis par un modem. Ce dispositif est pratiquement toujours intégré dans la prise d'interface des terminaux et alimenté par ceux-ci. Notons enfin que les équipements Bande de Base **ne sont pas normalisés** par le CCITT.

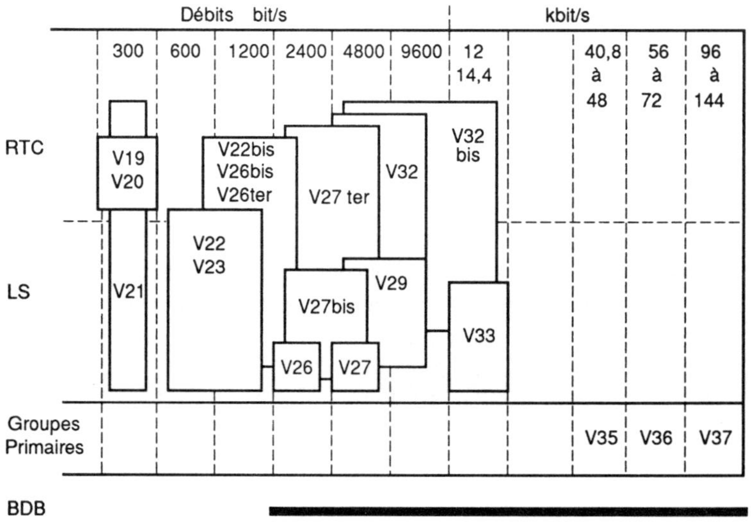

10 - Avis CCITT Modems

5

Les supports numériques de données

Si le modem a encore de beaux jours devant lui, ils semblent néanmoins comptés, chez les utilisateurs tout au moins. L'infrastructure TRANSMIC s'accompagne d'un "service" qui fournit à l'usager une simple prise de raccordement. Cela ne signifie pas que de tels dispositifs n'existent plus, mais ils deviennent invisibles. Le raccordement au point d'accès le plus proche du service s'effectue en Bande de Base. Les liaisons spécialisées analogiques cèdent chaque jour du terrain à leurs remplaçantes numériques que sont les lignes TRANSFIX. Les bas débits (1200 bit/s à 19,2 kbit/s) sont multiplexés par des équipements internes du réseau (Muldex), pour former des canaux à 64 kbit/s, l'intervalle de temps d'un MIC à 2048 kbit/s comme par hasard. Les autres accès sont des multiples pairs de 64 kbit/s jusqu'à 1920 kbit/s (30 IT). Rappelez-vous, l'IT0 et l'IT16 sont réservés. L'offre commerciale comprend également le service TRANSDYN (jusqu'à 2 Mbit/s) s'appuyant sur le réseau de satellites, mais aussi terrestre. Les circuits sont disponibles avec "préavis d'appel" ou "appel par appel", selon la tarification. Le multiplexage a déjà été évoqué à plusieurs reprises, il est peut-être temps de se faire une idée complète de la question.

Les types de multiplexeurs

Revenons quelques années en arrière. Les terminaux ASCII (asynchrones) étaient tout simplement éloignés des centres de traitement, ou "déportés". Sur la ligne qui les reliait à l'ordinateur, il y avait surtout des ...silences! On a donc envisagé tout naturellement de la faire partager par plusieurs terminaux, au moyen de multiplexeurs. Dans ce cas précis, ils sont de type "statistique".

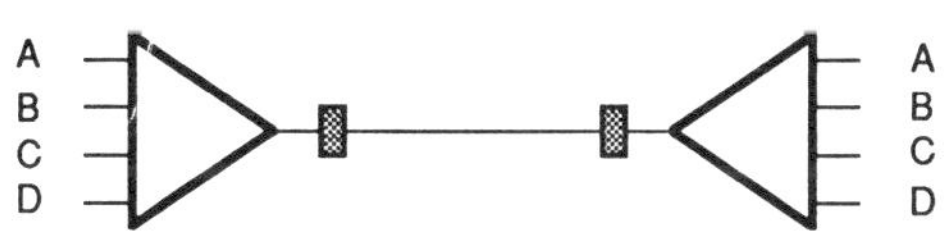

1 - Liaison multiplexée pour des terminaux asynchrones

Les "Mux" Statistiques comportent un nombre variable de voies d'entrée, ou "basse vitesse", et une sortie "haute vitesse" ou voie "composite". Les caractères émis par les terminaux raccordés, débarrassés des bits Start et Stop, sont insérés dans des trames synchrones constituant une simple suite d'éléments, et non pas un message structuré. Après avoir vérifié que les trames reçues ne contiennent pas d'erreurs, les caractères retrouvent leur format initial et sont dirigés vers les sorties correspondantes du mux distant. Les connexions réalisées sont donc de type "point à point" (A-A, B-B,...). Les matériels sont obligatoirement identiques aux deux extrémités car, à part les jonctions d'entrée/sortie, ils ne sont pas normalisés (seuls les équipements de ligne le sont). Supposons que les terminaux A, B, C, D émettent respectivement à 9600, 4800, 2400 et 1200 bit/s. La trame aura l'allure suivante :

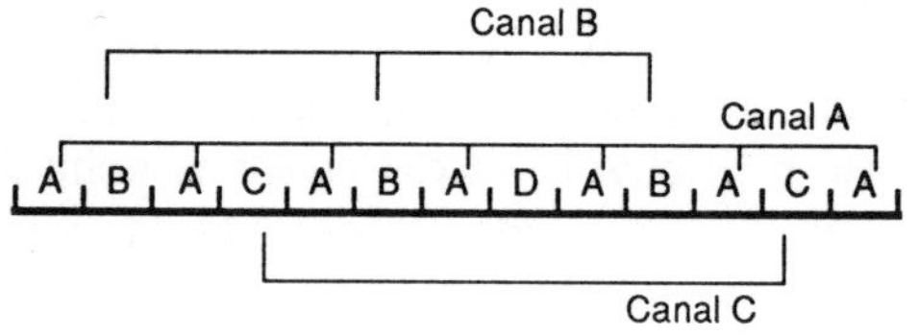

2 - Structure de la trame multiplexée

C'est évidemment un cas idéal, car les informations ne se présentent pas aussi régulièrement en pratique. La longueur de la trame est "adaptative" en fonction du trafic et calculée par le mux. Si elle doit être retransmise à cause d'une erreur, comment le multiplexeur pourra-t-il traiter les caractères qui continuent à affluer ? En fait, chaque voie d'entrée possède un registre "tampon" (buffer, ou encore "pile"). Les caractères s'y déversent aux rythmes des terminaux, et le mux les vide au rythme des trames qu'il émet, en les prenant dans l'ordre "premier entré, premier sorti" (FIFO First In, First Out). Lorsqu'un seuil de remplissage est atteint, une commande du multiplexeur interrompt l'émission du, ou des terminaux. Ce qui caractérise les multiplexeurs, c'est qu'ils prélèvent plus fréquemment les informations sur les canaux les plus rapides.

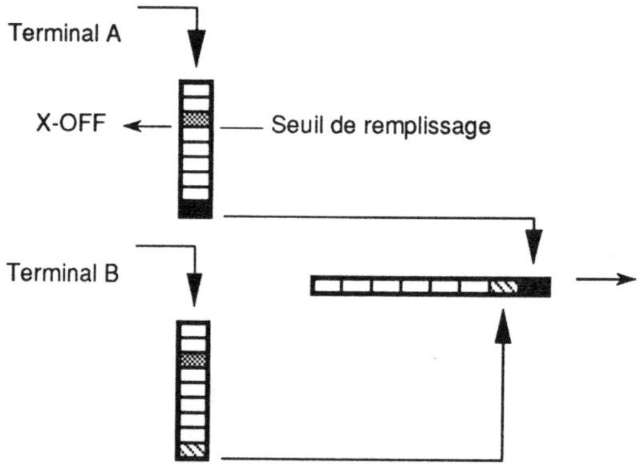

3 - Adaptation des débits des sources

Cette opération de régulation des débits est le "contrôle de flux". Il s'effectue de différentes façons, soit par un fil de jonction, le 106 (présent = émission autorisée, absent = suspendue), soit au moyen de caractères de commande spéciaux envoyés au terminal : "X-ON" et "X-OFF". Mais le multiplexeur distant peut également demander une suspension de la transmission, au niveau trame cette fois (cf Les Protocoles). La dispersion statistique dans le temps des éléments d'informations permet l'optimisation de la connexion par une meilleure exploitation des périodes d'inactivité de la ligne, d'une part. D'autre part, le nombre de liens est réduit dans le rapport du nombre de voies d'entrée à une seule. Le rendement de tels multiplexeurs varie entre 200 et 400%, voire davantage. Il n'est pas rare de rencontrer des groupes de 8 à 10 terminaux à 9600 bit/s connectés sur une ligne à 9600. Si ce nombre augmente, le mécanisme de contrôle de flux fera son office, mais les terminaux ayant "moins souvent la parole", le "temps de réponse" des applications ira en se dégradant rapidement. Les utilisateurs prendront conscience qu'ils ne sont pas seuls sur la ligne.

Les multiplexeurs temporels

Appelés aussi TDM (Time Division Multiplexer). Le principe des trames ressemble à celui des multiplexeurs statistiques, mais les temporels supportent plus fréquemment plusieurs voies composites qui permettent la constitution de réseaux. Dans la Fig. 4 est représentée une liaison redondante, qui n'est pas forcément un moyen de sécurisation économique.

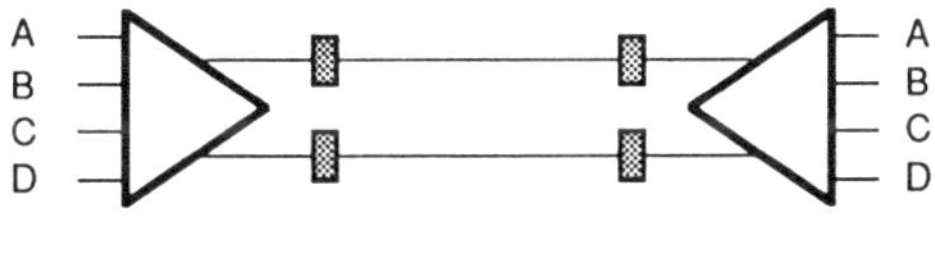

4 - Liaison multiplexée pour des terminaux synchrones

Ce qui différencie les deux types de multiplexeurs, c'est la nature des données. Les temporels conviennent pour les données synchrones, déjà structurées en messages, qui constituent l'élément d'information. Dans ce cas, le contrôle de flux est proscrit. Une coupure "sauvage" d'un message équivaudrait à couper en deux un caractère pour une application asynchrone! Un message peut le cas échéant, être "retardé" sans que cela gêne beaucoup le terminal de données, mais il doit être complet. Pour qu'il en soit ainsi, la trame est divisée en "intervalles de temps", attribués de façon cyclique et immuable à un canal d'entrée.

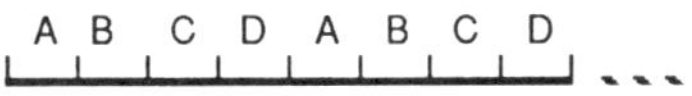

5 - Stucture de la trame temporelle

Bien que dans la trame MIC, l'IT comporte 8 bits ("entrelacement d'octets"), la plupart des multiplexeurs temporels fonctionnent en entrelacement de bits. Dans la Fig. 5, chaque intervalle de temps représente maintenant un bit. Ce procédé garantit la transparence totale à la nature des informations, les équipements n'ayant pas à gérer les divers formats de messages transportés. Seule, l'image de la dernière trame **multiplexée** est conservée en registre, dans l'éventualité d'une demande de retransmission sur erreur. Pour qu'il en soit ainsi, le multiplexeur doit assurer le maintien du débit binaire de chacun des canaux d'entrée. La trame transportera éventuellement des intervalles vides pour les voies les plus lentes, ou simplement inactives. La bande passante, ou le débit correspondant est perdu, c'est un des inconvénients des multiplexeurs temporels. Une fois de plus, l'apparition des messages synchrones dépend des applications et est donc aléatoire dans le temps, on a à faire à un multiplexage temporel **asynchrone.**

Le rendement de ces multiplexeurs est toujours inférieur à 1. Par principe, le débit composite est la somme des débits des voies d'entrée, et de celui nécessaire à la délimitation et au contrôle des trames, notamment. En revanche, les intervalles de temps étant cycliques, ils n'ont pas à être identifiés. Ce n'est pas le cas pour les multiplexeurs statistiques, dont la structure de trame est variable, ce qui oblige à repérer les voies au moyen de bits non utiles. De nombreux multiplexeurs temporels sont néanmoins capables de "compresser" les intervalles vides, indiqués par des fanions informant l'équipement distant des changements de structure de la trame.

Les solutions à base de multiplexeurs sont intéressantes. Leur mission consiste à transporter les données dans de bonnes conditions de sécurité et à les restituer dans leur format original en des points **prédéterminés.** C'est déjà un excellent résultat, mais un peu rigide dans la manière. Les applications informatiques ont pour vocation le traitement de l'information et sa transmission n'est qu'une péripétie qui retarde le processus, bien que les vitesses se soient considérablement accrues. Dans le but d'améliorer les performances, ces applications vont prendre les affaires en main, en agissant au niveau des données elles-mêmes. C'est la fonction des "multiplexeurs intelligents" et des "procédures" de transmission.

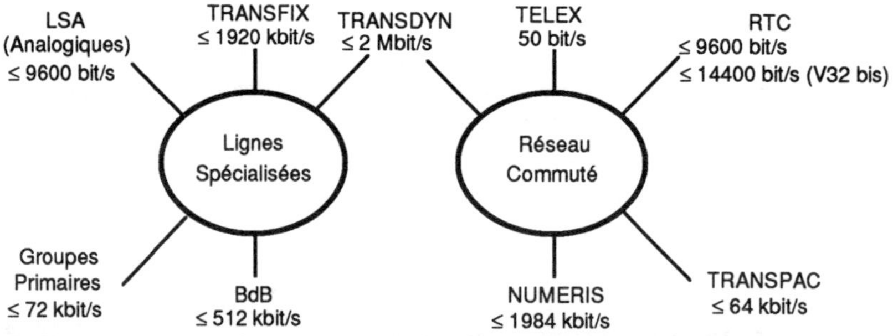

6 - Panorama des services France Telecom

6

Les protocoles de transmission

Quelques années ont passé. Les ETTD ont grandi et sont devenus synchrones pour travailler plus vite. Ils vont "s'émanciper" progressivement en s'octroyant une autonomie locale de traitement toujours plus large. Les premiers n'étaient que les "esclaves" d'un "maître", l'ordinateur. Ces terminaux "lourds" supportaient des équipements "périphériques" : un lecteur de cartes perforées en entrée (à destination du calculateur) et une imprimante en sortie. Ils n'effectuaient que des traitements "par lots", ou "batch", ou encore RJE (Remote Job Entry). Les travaux (les données d'un calcul, par exemple) étaient transmis en vue d'être exécutés par une application résidente de l'unité centrale (UC). Ils étaient pris en compte dans l'ordre de leur arrivée, mis en "files d'attente", traités et les résultats étaient renvoyés en différé. On ne peut pas encore parler de véritable puissance, mais ces terminaux étaient capables de comprendre et de gérer un "dialogue" relativement complexe avec le site central d'une part, et leurs périphériques locaux d'autre part.

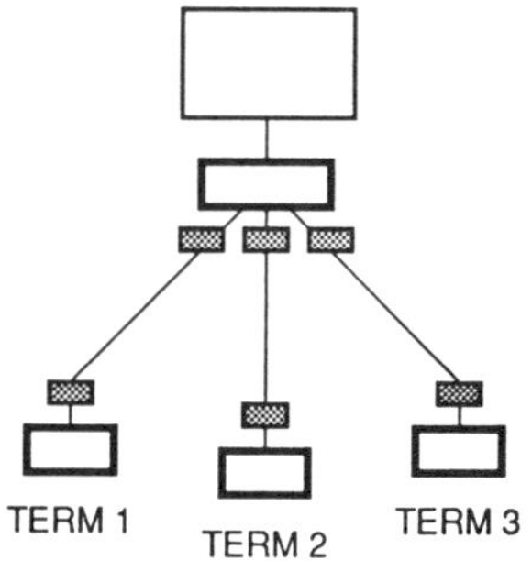

1 - Connexion de terminaux en étoile sur le frontal d'ordinateur

Dans un premier temps, ce langage était une "procédure", "protocole" désignant plutôt une syntaxe ou un format particuliers à une procédure (caractère asynchrone de 11 bits avec 2 bits de Stop, par exemple). A l'heure actuelle, le mot protocole est employé systématiquement pour l'ensemble. L'un des plus connus est le BSC 2780 (Binary Synchronous Communications) d'IBM, mais tous les constructeurs sans exception avaient le leur. On sait déjà qu'il utilise des messages transportés dans des trames synchrones. Le code employé est l'EBCDIC. Parmi les 256 codes possibles, certains correspondent à des caractères de "fonction", "non imprimables". Une dizaine d'entre eux sont normalisés pour les transmissions. Leur signification est décrite avec le format des trames ci-après. Certaines fonctions du protocole sont prises en charge par le frontal de communication du "Central". Par la suite, ce terme se rapportera à la paire Unité Centrale/Frontal.

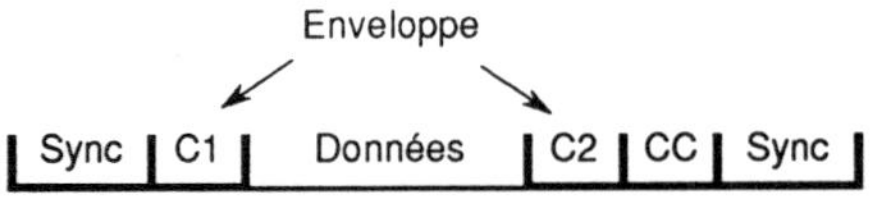

2 - Structure générale d'une trame synchrone

Les données utiles (Texte) sont contenues dans une "enveloppe" dont la structure générale est la suivante :

- des caractères de synchronisation ou fanions de délimitation,

- un champ de caractères de "commande", formant l'"en-tête" du message (C1),

- un champ de "commande" relatif au type de trame (C2),

- un champ de contrôle d'erreurs de transmission (CC).

Certaines trames de service, ou séquences de supervision, ne contiennent pas de champ de données (trames "vides").

Lorsqu'il est mis sous tension, le terminal envoie un message ENQ (Enquiry) signalant qu'il souhaite se connecter. Sur demande du central, il émet alors un message contenant son nom (ou "adresse", TERM1 par exemple) et un mot de passe (Procédure de "Sign On"). En réponse, il reçoit une trame d'acquittement (ACK) lui confirmant que sa présence est enregistrée. La connexion "logique" est réalisée. A partir de cet instant, le central va interroger régulièrement chacun des terminaux connectés, de manière cyclique. C'est le **"polling"**, ou une "invitation à émettre" (ENQ). S'ils n'ont pas de données à envoyer, ils acquittent néanmoins ce message (EOT, End of Transmission). Ce mode maître-esclave à l'alternat évite en principe, tout risque de "collision" de messages (trames émises au même moment par plus d'une station), mais le protocole doit gérer cette éventualité (contention) en réinitialisant les connexions logiques lorsque cela se produit. Jusqu'ici, les trames échangées ne comportent que des informations de supervision (à part celle d'identification). L'adressage des terminaux "pollés" ne pose pas de problème dans la mesure où chaque ligne physique correspond à un seul d'entre eux. La situation est légèrement différente quand ils sont plusieurs à partager la même ligne (multipoint).

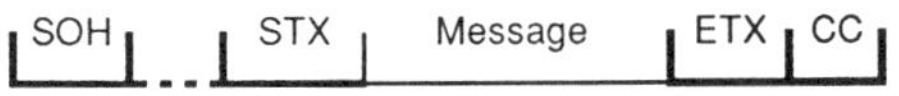

3a - Structure d'une trame BSC

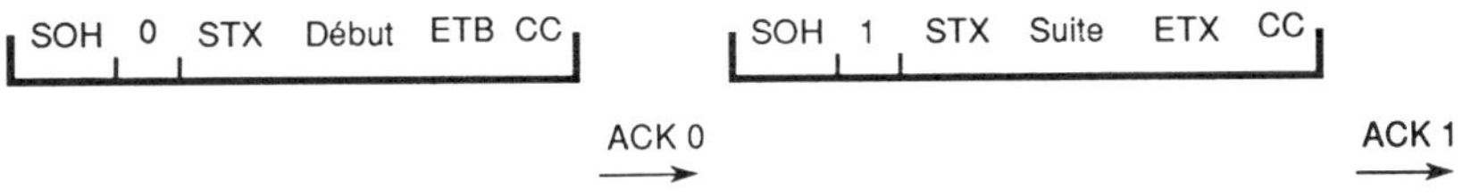

3b - Transmission de données réparties dans deux trames consécutives

Lorsqu'il est prêt, et qu'il y est invité le terminal commence à émettre ses données. La Fig. 3a représente un message court, contenu tout entier dans une seule trame. Le message de la Fig. 3b est scindé en plusieurs "blocs chaînés". La longueur d'une trame n'est limitée que par des considérations pratiques. En effet, des éléments trop longs augmentent le risque d'erreurs de transmission ainsi que la durée des retransmissions éventuelles.

L'en-tête est encadrée par les caractères SOH (Start of Header) et STX (Start of Text). Ce champ peut contenir des informations relatives aux données (nombre de caractères transmis,...) et, parfois, un numéro de séquence, par exemple 0 ou 1, correspondant à des trames "paires" ou "impaires". La fin d'un message complet est signalée par ETX (End of Text) ou EOM (End of Message), celle d'un message "à suivre" par ETB (End of Block). Chaque trame est acquittée par un ACK (Acknowledge). Le séquencement facilite une "reprise" correcte en cas de perte d'information, car deux trames paires ou impaires consécutives ne sont pas permises. Cela oblige à mémoriser les deux dernières jusqu'à leur acquittement. Le contrôle de flux à ce niveau peut être réalisé par le refus de trames (NAK Negative Acknowledge). Toutefois, au-delà d'un nombre déterminé de tentatives de retransmission, l'émetteur pourra considérer que la liaison ou l'ETTD est hors-service et suspendre la communication. C'est pourquoi des messages de type WAIT (demande de suspension) et RESTART (reprise) sont utilisés en cas d'interruptions assez longues.

La validité des trames est vérifiée par un "caractère de redondance cyclique" (CRC), ou un "bloc de contrôle" (BCC). Dans le premier cas, un polynôme est appliqué aux bits utiles de données ($x^{16} + x^{12} + x^5 + 1$, avis V41 du CCITT). Un calcul identique est réalisé à la réception et le résultat est comparé au caractère transmis. Dans l'autre cas, ce sont les parités "longitudinales" et "transversales" pour des groupes de caractères qui sont transmises.

0	0	1	0	0	1	1	0	1
1	1	0	1	0	0	1	0	0
1	1	0	0	1	1	1	1	0
0	0	0	1	1	1	1	1	1
0	0	0	0	0	1	1	0	0
0	1	1	1	1	0	1	1	0
1	0	0	0	1	1	0	0	1
1	0	0	1	0	1	1	0	0
0	1	0	0	0	0	1	1	

4 - Contrôle de parité en mode bloc

Cette technique permet de localiser un bit modifié par "recoupement". Un contrôle est effectué par le protocole mais il ne faut pas perdre de vue qu'une vérification logique des informations sera également réalisée par l'application. C'est le contrôle de "bout en bout" et en cas de nécessité, les demandes de retransmission sont alors à charge de l'applicatif lui-même. Lorsque l'échange de données a lieu dans les deux sens, une trame d'information émise est considérée comme acquittée sur réception de la trame de données suivante. C'est une manière **d'optimiser le débit utile**, en supprimant certains messages de supervision.

La structure des trames BSC ou équivalentes étant très variable, le protocole est dans l'obligation d'analyser tous les caractères. Il n'est pas transparent vis-à-vis des données. Si dans une application, des codes binaires correspondant à ceux réservés aux commandes sont nécessaires, on les rend transparents en les faisant précéder du caractère DLE (Data Link Escape). En fin de transmission, la fonction ETX maintient la connexion logique, ce qui signifie que le terminal continuera à être "pollé". En revanche, si la liaison est de type commuté, EOT provoquera la déconnexion. Sur lignes spécialisées, l'envoi d'un message "Sign Off" (fin de session) aura le même résultat.

Le multipoint

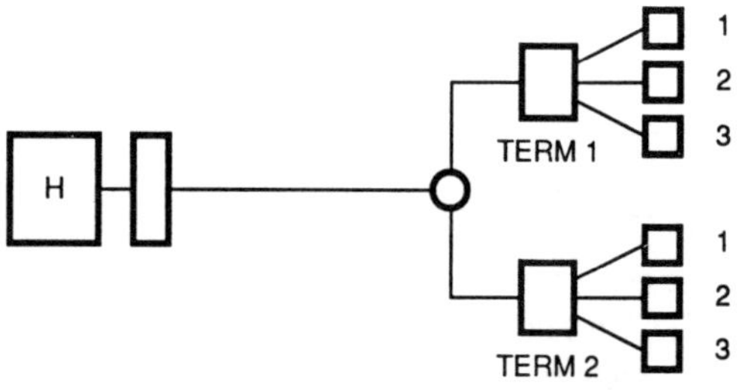

5 - Liaison multipoint

Il s'agit d'une première tentative d'optimisation du **nombre de liens.** Le point de raccordement des terminaux était primitivement un simple "diffuseur de lignes" ou "éclateur de jonctions". Dans ce mode, le message de polling est "diffusé" vers tous les sites distants. Le terminal qui émet prive les autres de la ligne, qui n'est donc pas partageable dans le sens "montant". Mais on ne peut tout avoir! A cette époque, sont apparus les "mini"ordinateurs, dotés de périphériques plus nombreux et plus rapides tels que des dérouleurs de bande magnétique utilisés aussi bien en entrée ("lecture") qu'en sortie ("écriture"). Plusieurs imprimantes étaient couramment supportées. Le protocole a dû être adapté en conséquence (IBM 3780), bien que le format des cartes perforées de 80 caractères et des lignes d'impression de 132 positions ait été conservé. Afin de réduire les temps de connexion, les listes reçues sur bande étaient imprimées localement, en différé (Spooling). Pour envoyer des données à une station particulière, le central la désigne au moyen d'un couple "adresse/sous-adresse" dans l'en-tête du message (TERM1 Imprimante2, par exemple). C'est le "Selecting". Seule la station reconnaissant sa propre adresse intercepte les informations.

Le multiflot

Avec l'apparition des disques magnétiques et la connexion de consoles écran-clavier aux miniordinateurs, le protocole s'est mis à gérer plusieurs traitements simultanés (message vers une console, impression d'une liste, écriture d'un fichier sur disque). L'exemple type de protocole multi-flot est le "Multileaving" d'IBM (360/20). Les frontaux qui l'exploitent sont des 3705, auxquels l'Unité Centrale délègue maintenant totalement cette fonction. Entre l'UC et le frontal, les données circulent sur un "bus" très rapide qui les relie (transmission parallèle). Les trames conservent une structure BSC, mais elles comportent plusieurs blocs de données contenant les adresses des différentes stations destinataires.

6 - Connexions simultanées sur un support unique

La liaison apparaît comme composée de plusieurs "canaux logiques" multi plexés dans la trame et correspondant à autant de connexions d'applications différentes. Cette procédure fonctionne néanmoins toujours à l'alternat. Des terminaux connectés "en étoile" sur un ordinateur "hôte" (Host) ne constituent pas encore un réseau à proprement parler. Le calculateur conserve l'initiative et le contrôle des communications, la plupart des "ressources" restant centralisées. Par ailleurs, hormis quelques messages de console à console, les échanges entre sites distants sont très limités. Ils ne peuvent être effectués sur-le-champ, mais seulement par stockage intermédiaire au site central. Un mécanisme particulier permet de simuler la connexion locale sur l'ordinateur d'un écran distant. Il est vu alors par le central comme une console "système" et possède presque les mêmes droits d'accès. C'est le concept d'"appareil virtuel". Jusqu'alors, les protocoles réalisaient strictement des transferts de type fichiers.

Les réseaux de données

L'accroissement des performances des matériels et des logiciels a rendu possible la "visualisation" et la mise à jour directe d'informations partielles, extraites d'une structure organisée distante (Mode conversationnel).

Les Systèmes de Gestion de Bases de Données **(SGBD)** notamment, qui permettent des accès extrêmement rapides en lecture ou mise à jour partielle d'enregistrements de gros fichiers centraux, sans nécessiter des transferts complets. D'autre part, la décentralisation de parties d'application vers les unités distantes a amélioré les temps de connexion, en réduisant le volume des échanges.

Ainsi, dans notre agence bancaire, les "écrans" sont formatés en tableaux, ou "grilles", comportant des zones fixes (libellés du nom, numéro de compte) et des zones variables modifiées à chaque transaction. Leur affichage nécessite de nombreux caractères de fonction invisibles mais indispensables (positionnement du curseur, encadrés graphiques, zones sur-brillantes ou clignotantes). Cette partie fixe est gérée localement, ce qui réduit généralement de moitié le nombre de caractères effectivement transmis. Ce sont des "contrôleurs de grappes" de terminaux (Clusters) qui se chargent de ces traitements. Ils jouent en même temps le rôle de multiplexeurs et optimisent les échanges avec le central. Ils prennent en fait la place du diffuseur de la Fig. 5, en assumant toutefois un trafic bi-directionnel. Le protocole IBM correspondant porte le nom générique de 3270. L'implantation des agences de banque amène à les connecter en respectant une architecture optimum des liens ("topologie"), par combinaison des dispositions en étoile, ou maillées, ou encore parfois en anneau.

Avec le SNA (Systems Network Architecture) d'IBM, on assiste réellement à l'avènement des réseaux informatiques. A l'infrastructure physique se superpose une architecture logique, destinée à fournir aux utilisateurs une interface fonctionnelle d'accès, un langage commun indépendant de la "quincaillerie" (Hardware) et des programmes impliqués (Software).

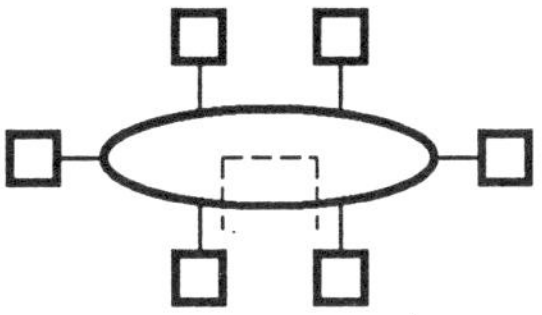

7 - Représentation symbolique d'un réseau

Dans le sens le plus général, ces utilisateurs sont, soit des opérateurs, soit des appareils (terminaux, processeurs), soit des programmes (applications automatiques). Leur vision du réseau doit se résumer à celle de la figure : une bulle! A travers elle, ils désirent établir facilement des communications entre eux, notamment "horizontales" et non plus uniquement centralisées; sans avoir à se soucier de l'architecture réelle et des chemins qu'empruntent les données.

SNA a été développé dans le but d'interconnecter tous les équipements de la gamme IBM (et compatibles). Le concept et sa mise en oeuvre sont relativement complexes et nous allons nous efforcer d'en dégager les principes de base. Pour des raisons historiques, ce réseau est fortement hiérarchisé. L'ensemble des moyens de communication est contrôlé par un ou plusieurs systèmes superviseurs : le SSCP (System Services Control Point). Jusqu'ici, les équipements géraient complètement le protocole, ce qui consommait une partie importante de leurs ressources. Si ces ressources, sous forme de **services**, sont maintenant à charge du réseau, appelé pour cette raison "à valeur ajoutée", un processus utilisateur se bornera à demander un service particulier, en précisant seulement quelques paramètres (type de traitement, destinataire). Ces requêtes sont introduites au moyen de commandes de base, ou "primitives". Elles indiquent aussi les "détails" d'exécution des services (mode de formatage des données, contrôles souhaités) qui constituent les "classes" de services. L'autre aspect de l'architecture réside dans le système de "transport" des informations, composé de liens, de "noeuds" matériels et de protocoles.

Les ressources logiques (Logical Units **LU** et, curieusement, Physical Units **PU**) sont réparties dans les différents niveaux -ou couches- hiérarchiques du réseau, représentés par les équipements. Ainsi, les processeurs, les frontaux, les contrôleurs de grappes et les terminaux sont respectivement des PU de type 5, 4, 2 et 1. Les LU représentent en fait, les processus utilisateurs (End Users).

Lorsqu'un processus commence un traitement, de type transactionnel par exemple, le service correspondant demandé va devoir établir tout d'abord un chemin (Path) vers le destinataire, à travers le réseau maillé (routage). A cet effet, il transmet des requêtes à des services d'ordre supérieur situés dans les PU ou les SSCP et, de proche en proche, une connexion logique va s'établir entre le demandeur et le demandé. Ces communications entre couches du réseau sont les "sessions". C'est de cette manière que le réseau alloue les ressources nécessaires à la gestion d'une communication.

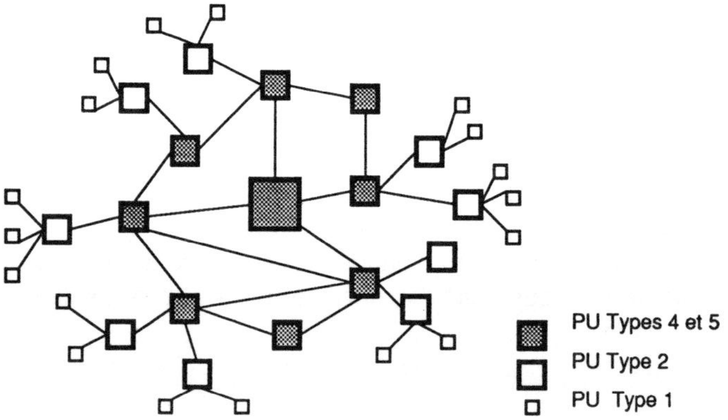

8 - Architecture d'un réseau SNA

Entre deux processus utilisateurs, on parle de sessions LU-LU, désignées par un type, en fonction de l'application. Une LU type 2 correspond à la connexion d'un terminal écran à un programme de traitement, c'est le cas de l'agence bancaire. Dans le cadre de sessions "programme à programme", le protocole fournit à la fois des facilités de communication **ET** d'accès aux données, pouvant impliquer des connexions en cascade des processeurs où elles résident. Ces sessions particulières sont dites **LU6.2.** Les autres services offerts sont aussi divers que le mode à l'alternat ou duplex intégral, le contrôle de flux de bout en bout, la compression ou le cryptage des données. Le SSCP gère les reconfigurations du réseau en cas d'anomalies et les ressources distribuées de son domaine, car plusieurs sous-réseaux de même nature peuvent être interconnectés.

Ce type d'architecture a servi de base au "Modèle OSI". Les trames synchrones **SDLC** (Synchronous Data Link Control) ont une structure qui se rapproche de celles décrites précédemment. Toutefois, les données qu'elles contiennent sont traitées comme une suite transparente de bits. Les trames **HDLC** (High Level Data Link Control) dont il va être question, s'inspirent largement de celles-là.

7

Le modèle OSI

En mode maître-esclave, l'unité centrale seule décide de l'enchaînement des tâches internes et externes. Pour ce qui est des télécommunications, elle gère des programmes particuliers, une "couche" logicielle intermédiaire : la **"méthode d'accès"** (MA). Elle constitue en quelque sorte, un "système de gestion des trames" du protocole, réparti symétriquement dans le frontal de communication et dans le terminal. Sa fonction est de mettre en relation deux processus de traitement des données se situant à un niveau supérieur : l'application centrale et celle qui traite les informations à émettre, de même qu'elle exploite les données reçues par le terminal. Si on observe le déroulement de tels échanges entre des systèmes utilisant un protocole synchrone de type BSC, on distingue plusieurs phases successives :

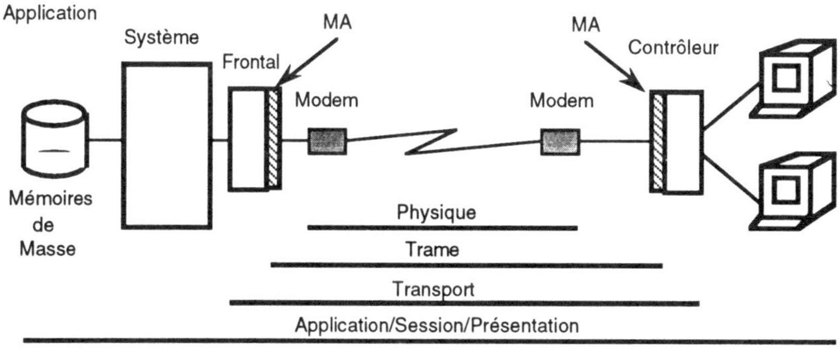

1 - Décomposition d'une transmission de données en couches fonctionnelles

Tout d'abord, la liaison **physique** entre les équipements de ligne doit être établie. Elle l'est de manière permanente ou sur appel et les modems se synchronisent. Ensuite le frontal et le contrôleur envoient tour à tour des **trames** ne contenant aucune donnée, pour indiquer qu'ils sont "prêts et au repos". Lorsqu'une **application** est activée à partir de l'une des consoles, l'entité constituée par l'ensemble contrôleur-écrans va se faire reconnaître par le central en signalant son passage à l'état actif. Le **transport** des données dans les trames va pouvoir débuter. La station établit une **session** avec l'ordinateur. L'application ne pourra afficher à l'écran les informations reçues que si le protocole les lui délivre sous une forme qui lui est familière. C'est la **présentation.**

Dans la réalité, ces différentes opérations ne sont pas dissociées au sein du protocole. Il est généralement constitué de plusieurs modules de programmes, imbriqués et interdépendants. En programmation structurée, en revanche, un module remplit une mission bien précise et s'exécute lorsqu'un autre a terminé la sienne, en lui transmettant des indications sur son bon déroulement ou non, ainsi que d'autres paramètres.

En d'autres termes, il lui "passe la main", en lui fournissant les informations nécessaires à la poursuite du processus. Les modules dialoguent ainsi entre eux au moyen de commandes fonctionnelles appelées primitives.

Ce concept a été appliqué aux protocoles de télétransmission afin que des systèmes hétérogènes puissent communiquer en réseau. C'est l'ISO (International Standards Organization) qui a normalisé le découpage des différentes fonctions à réaliser en modules, ou "couches" OSI (Open Systems Interconnection). Il ne s'agit pas de normes de réalisation, mais plutôt de définition des fonctions que devrait effectuer chacune des couches. Elles sont au nombre de sept, bien que dans l'exemple ci-dessus, six fonctions seulement aient été mises en évidence. Mais cette architecture est de type point à point et ne peut donc être assimilée à un réseau. Chaque couche se comporte en méthode d'accès à la suivante, qui la décharge totalement des fonctions qu'elle remplit.

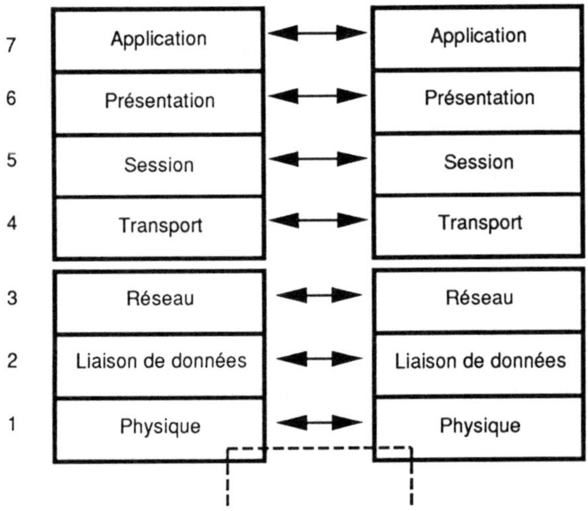

2 - Les sept couches du modèle OSI

1- La couche physique, appelée aussi niveau "bit"

C'est celle qui met en oeuvre les procédures de connexion des ETCD (qui traitent des trains de bits). On a vu qu'à ce stade, le respect des normes était universel, grâce aux avis du CCITT. Une fois la liaison effective, la couche 1 va rendre compte à la suivante, qui prend le relais, et ainsi de suite. Le rôle de chaque couche commence lorsque la précédente a réussi à établir une connexion avec la couche correspondante du processus distant.

2- La couche liaison de données, appelée aussi niveau trame

Elle se charge du formatage particulier des trames et assure leur transmission sans erreurs de noeud en noeud, au moyen des informations de contrôle qu'elles contiennent. Un contrôle de flux est également effectué à ce niveau.

3- La couche réseau, parfois appelée aussi niveau paquet

C'est celle qui est absente dans l'exemple. Dans les réseaux, il faut assurer le routage des informations à travers les noeuds. Chaque noeud dirige les informations vers une ligne de sortie en fonction de leur destination finale. Pour y parvenir, la couche 3 se sert d'indications d'adressage figurant dans des sous-ensembles des trames qui renferment les données utiles. Les connexions peuvent aussi comporter plusieurs "voies logiques" multiplexées (cf Fig.6 du Chap. 6). Cette fonction est réalisée au niveau 3. Des contrôles identiques à ceux de niveau 2 sont appliqués.

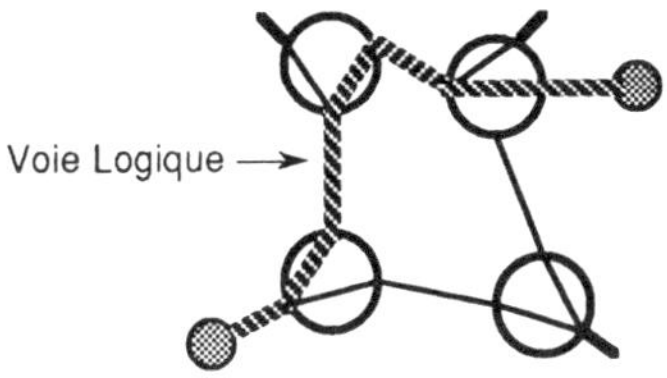

3 - Routage d'une connexion logique

4- La couche transport

Les couches précédentes réalisent des connexions de proche en proche entre les noeuds. La couche 4, quant à elle, assure la connexion de bout en bout entre deux systèmes. En réseau, ils doivent notamment être capables de s'identifier, pour pouvoir ensuite communiquer. La gestion des voies logiques de type point à point constituant les liaisons deux à deux entre les systèmes est à charge de la couche transport. Elle comporte des sous-couches, ou "classes", précisant des niveaux de service. Ainsi, un "transport classe 4" définit un protocole avec contrôle d'erreurs d'une extrémité à l'autre.

5- La couche session

Les équipements connectés ouvrent ensuite une session de travail. Le dialogue qui s'instaure alors entre processus utilisateurs est régi par une procédure commune qui peut être considérée comme un "sur-protocole". Il gère les ressources à mettre en oeuvre pour permettre à deux applications de communiquer (connexion logique, synchronisation, déconnexion,...). On se trouve ici complètement dans un domaine spécifique à chaque constructeur informatique.

6- La couche présentation

Elle prend en charge les traitements relatifs à la "visualisation" de l'information. Il s'agit en fait, d'adapter les données réelles reçues pour les rendre exploitables par l'application, **indépendamment** du type de terminal utilisé.

7- La couche application

C'est le processus général utilisé (transactionnel ou transfert de fichiers) pour fournir les données requises par une application utilisateur (gestion d'un compte bancaire). Sur un ordre de sa part, de type "lire telles données", cet utilitaire pourra être activé pour rapatrier les informations manquantes localement, mais disponibles ailleurs dans le réseau. Les 7 couches seront activées de manière transparente pour l'application finale. FTAM (File Transfer and Manipulation) regroupe l'ensemble des services de transfert de fichiers recommandé par l'ISO.

A ce jour, on peut dire que l'ensemble des constructeurs respectent les normes du modèle OSI, pour les couches "basses" (1, 2 et 3). Il n'en est pas de même pour les autres, loin s'en faut! Même si le découpage en couches est réalisé, leurs fonctions sont souvent réparties sur des couches adjacentes. Il n'existe qu'un seul exemple de normalisation jusqu'au niveau 7, c'est la messagerie X400. Notons encore que les mêmes contrôles se répètent aux différents niveaux du modèle et deviennent sur-redondants dans les réseaux numériques actuels, en raison de la qualité des transmissions.

8

La construction des réseaux

Elle repose sur des considérations d'ordre technique (Topologie, Type de Protocole) et économique (Type de Support, Optimisation). Les différentes architectures associent des configurations géométriques déjà rencontrées : étoile, bus, anneau. Le choix des moyens est guidé par le résultat de calculs, ou d'évaluations quand la mesure de certains paramètres se révèle difficile. Deux facteurs, parmi les plus importants, sont l'Intensité de Trafic et le Taux d'Activité. Ces notions apparaissent clairement au cours d'une conversation téléphonique. Si les interlocuteurs sont très bavards, l'activité sur la ligne est maximum, mais lorsque l'un des deux s'absente pour aller chercher de quoi écrire, elle tombe à zéro. Dans les deux cas, cependant, la ligne est occupée en permanence et consomme donc une ressource non partageable du réseau. Ce qui peut se traduire par : plus le réseau est occupé, moins il est disponible. Cela ressemble à une lapalissade mais à l'extrême, le "disque" : "Il n'y a plus de lignes disponibles...veuillez rappeler ultérieurement" pourrait devenir une habitude, si le réseau ne pouvait plus absorber les demandes !

Notions de trafic

L'unité de trafic est une valeur absolue comprise entre 0 et 1, et exprimée en Erlang. Un Erlang correspond à l'occupation d'une ligne à 100% pendant une heure. On caractérise le trafic sur un lien par le nombre moyen de communications et leur durée moyenne. En transmission de données, dans le cas de l'agence bancaire par exemple, l'intensité de trafic "E" est égale à :

$$\frac{N \times T}{3600s}$$

où "N" représente le nombre de transactions effectuées et "T", le temps en secondes que dure chacune d'elles. Ce calcul est effectué à l'"heure chargée", correspondant aux moments où le trafic est maximum (pointes). "E" indique donc un taux d'occupation de la ligne.

Notions d'activité

Au cours d'une transaction se passent généralement plusieurs échanges avec le central (n), de longueur "L", en nombre de caractères. "D" exprimant le débit nominal du lien en caractères par seconde, le taux d'activité "A" est égal à :

$$\frac{n \times L}{T \times D} \quad \text{ou} \quad \frac{t}{T}$$

$\frac{n \times L}{D}$ représente en fait le temps effectif "t" de transmission de la totalité des caractères échangés, en secondes. "A" mesure le rapport entre le temps d'utilisation de la ligne et celui d'une transaction. Il s'agit donc bien du taux **d'activité** réelle de la ligne, généralement très inférieur à 1 dans ce cas d'application. La différence entre le temps total "T" et le temps effectif "t" représente, pour une faible partie, le temps de traitement. Le reste constitue le "temps de réflexion", comprenant la "saisie" des données par l'opérateur.

La valeur de "A" tend vers 1 dans le cas d'un transfert de fichiers, pour lequel N = 1 par ailleurs (un seul échange).

Comme il a déjà été signalé, le type d'application conditionne le choix du **type de support**, mis en évidence par l'intensité de trafic "E". Une application transactionnelle effectuant 16 opérations à l'heure chargée, durant 3 minutes chacune, a une intensité de trafic de 0,8, tendant vers 1. On s'orientera donc vers une ligne louée, à cause du taux d'occupation élevé.

"A" détermine un **niveau de concentration** destiné à optimiser le lien. Si le terminal de l'application citée fonctionne à 9600 bit/s (environ 1200 caractères/s) et transmet 200 caractères à chaque fois, "A" vaudra 0,001. Ceci indique la nécessité de multiplexer plusieurs terminaux, à l'aide d'un contrôleur de grappe par exemple, afin de réduire les périodes d'inactivité de la ligne. Le tableau ci-dessous résume les différents cas.

Les "branches" d'un réseau collectent les différents trafics accumulés au cours de leur progression vers les centres de traitement. Les petits ruisseaux font les grandes rivières! Pour chaque tronçon, les affluents devront être évalués avec précision.

Type Application	E	A	Type de solution
Télémesure Conduite de Processus Industriels	E → 1	→ 1	LS Point à Point Pas de Concentration
Réservation Systèmes Bancaires		→ 0	LS Avec Concentration Commutation Paquets
RJE Transfert de Fichiers	E → 0	→ 1	Commutation de Circuits Sans concentration (LS ou RTC)
Conversationnel Consoles Temps réel (Time Sharing) SGBD		→ 0	Commutation de Circuits Avec Concentration (Commutation Paquets)

1 - Critères de choix d'un réseau en fonction de l'application

On considère généralement qu'un seuil de 70% ne doit pas être dépassé pour le débit efficace. Au-delà, les pointes ne pourront être absorbées et le temps de réponse augmentera dans des proportions importantes, c'est l'"engorgement" du réseau. Ce temps est celui qui s'écoule entre la question et la réponse. Il est la somme des temps de propagation aller-retour, de transit dans les noeuds (stockage en files d'attente) et de traitement proprement dit. Et, éventuellement, de celui d'établissement de la connexion. La saturation peut être évitée en dimensionnant le réseau en conséquence, c'est-à-dire en le rendant plus disponible, mais souvent au détriment de l'aspect économique. Car en période normale, le taux d'utilisation pourra être très inférieur au seuil de rentabilité. Une autre méthode consiste à répartir différemment les trafics au moment des pointes, en "débordant" sur des liens moins chargés, ou sur des liens temporaires supplémentaires.

□□□ 9

La commutation de paquets

Les chapitres précédents ont présenté quelques techniques visant à optimiser les circuits de transmission de données. Mais il s'agissait essentiellement de liaisons point à point. Or, dans les réseaux il faut pouvoir établir des circuits entre tous les utilisateurs, donc commuter. Cette opération est bien assurée au niveau des IT du MIC, mais compte-tenu des débits habituellement nécessaires pour les données, peu d'utilisateurs peuvent se permettre des accès à 2 Mbit/s. Il a donc fallu trouver autre chose : la commutation de paquets. Pour en introduire le principe, nous utiliserons une analogie classique mais suggestive, avec le chemin de fer! Les noeuds du réseau de la Fig. 3 sont supposés être des gares de triage entre lesquelles circulent des trains en permanence et dans les deux sens. A l'arrivée en gare, les wagons sont, le cas échéant, séparés et aiguillés vers d'autres trains en partance, selon l'indication de destination affichée sur chaque wagon. Après avoir traversé un certain nombre de gares et emprunté autant de trains, les wagons terminent leur voyage. Il va encore falloir les vider de leur contenu pour le livrer au destinataire. C'est aussi simple que ça! Les trains sont en fait les trames qui sont échangées entre les noeuds, lorsque le niveau correspondant (2) est établi. Elles transportent des paquets, constitués de "tranches" d'informations obtenues par découpage du flot de données émises par l'application. La nouveauté, par rapport aux trames BSC par exemple, c'est que les paquets renferment l'adresse du destinataire, qui va leur permettre de "changer de train". Cette indication est exploitée par les commutateurs pour aiguiller les messages à travers le réseau. Il existe une version de ce type de commutation dite "datagrammes" dans laquelle les paquets empruntent des chemins variables, en fonction de la disponibilité des lignes de sortie d'un noeud. Leur ordre d'arrivée n'est donc pas garanti, d'où la nécessité de leur affecter un numéro d'ordre. Il incombe au destinataire de les reclasser.

Le X25

C'est un protocole international normalisé qui respecte scrupuleusement le modèle OSI pour les couches basses, ce qui autorise l'interconnexion des nombreux réseaux nationaux ou privés.

Les paquets sont contenus dans le champ utile des trames HDLC.

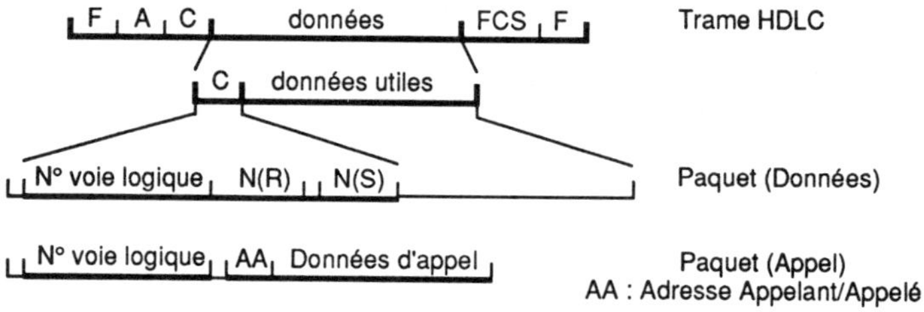

1 - Structure des trames HDLC (un seul paquet représenté)

Elles sont délimitées par des fanions de début et de fin (six "0" encadrés par des "1", ou "7E" en hexadécimal). L'enveloppe est constituée d'un champ de commande et de celui de contrôle (FCS Frame Check Sequence, de 2 octets). En X25, bien que les données suivent toujours le même chemin, le champ de commande des trames -et des paquets- comporte malgré tout un numéro de séquence, à des fins de contrôle de flux (N° de l'élément émis = N(S), N° de l'élément attendu = N(R)). Le premier paquet émis pour établir la connexion (il s'agit d'un réseau commuté) porte le nom de paquet d'appel. Il "marque" son parcours au niveau de chaque commutateur rencontré, déterminant ainsi un "circuit virtuel" (CV), car il ne dure que le temps de la communication. Ce "marquage" consiste à affecter au paquet, et à ses successeurs, un numéro de "voie logique" qui sera interprété dans les tables de routage des noeuds, afin qu'ils empruntent toujours le même circuit par la suite.

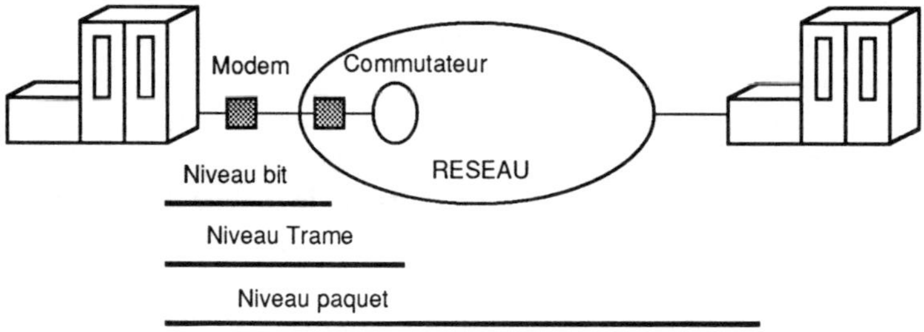

2 - Couches basses des réseaux X25

Etablissement du niveau trame

Une fois réalisée la connexion physique d'un station X25 avec le commutateur de raccordement (LS ou RTC, selon les cas), la couche 2 des équipements établit le niveau liaison de données (Trame).

Il existe plusieurs types de trames (dont une particulier, I, réservé au transport des données). En "LAP-B" (Link Access Protocol-Balanced), la trame d'initialisation de la connexion est dite SABM (Set Asynchronous Balanced Mode). Elle correspond à un mode symétrique , par rapport à l'ancienne version, de type maître-esclave. Les trames de réponse sont de type :

- RR (Receive Ready), acquittement des trames d'information (ACK en BSC)
- RNR (Receive Not Ready), demande de suspension momentanée de l'envoi de données (NAK en BSC)
- REJ (Reject), demande de retransmission

Ce sont ensuite les couches réseau qui vont entamer le dialogue. Les paquets appartiennent à deux groupes :

- de commande (appel, interruption, reprise, libération du circuit virtuel...)
- d'information. La taille des paquets est paramétrable, souvent égale à 128.

Etablissement du circuit virtuel

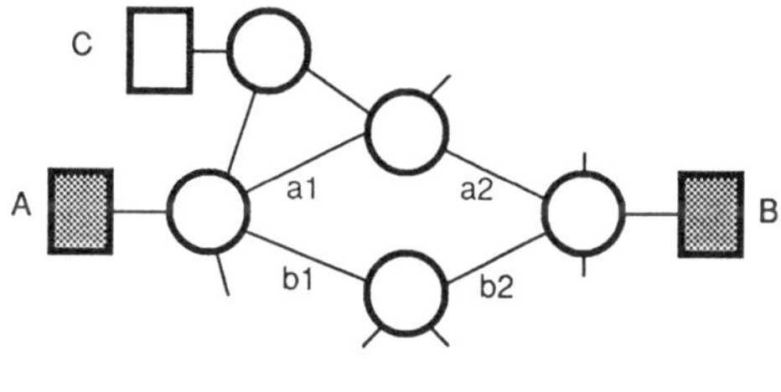

3 - Noeuds X25 de rattachement et intermédiaires entre abonnés

Le site A désire se connecter à B. Il émet un paquet d'appel spécifiant l'adresse de son correspondant. Le commutateur de rattachement remplace cette adresse par celle de l'appelant, A, afin qu'il puisse être identifié par B. Selon des critères de disponibilité ou de charge, il route la demande vers la sortie a1, par exemple, en affectant le numéro de voie logique. Cela implique que les commutateurs mémorisent et mettent à jour l'état des liens et des noeuds adjacents du réseau, en dialoguant entre eux. L'appel finira par être transmis à B, qui pourra l'accepter ou le refuser (libération). Il se peut, notamment, qu'il appartienne à un "Groupe Fermé d'Abonnés" (GFA), dont A ne fait pas partie (équivalent de la "liste rouge"). Dans le cas contraire, sa décision sera signifiée à A par une "confirmation d'appel". Un paquet de libération s'accompagne d'un code explicitant la raison du refus. Dans des conditions normales, le CV est maintenant établi, l'échange de paquets de données peut débuter.

Quelques remarques s'imposent. Tout d'abord, le temps de transit dans le réseau est variable, comme le nombre de commutateurs traversés. L'opération d'aiguillage des informations prend du temps. De plus, les contrôles effectués à chaque tronçon sur les trames et de bout en bout sur les paquets, peuvent nécessiter leur retransmission. La commutation de paquets ne convient donc pas pour les trafics isochrones, c'est-à-dire la voix. D'autre part, les conduits physiques représentés par les portions a1-a2 et b1-b2 sont partageables. Rien n'empêche en effet, que A ait ouvert simultanément des CV avec B et C, comportant plusieurs voies logiques correspondant à des applications différentes, pendant que B et C communiquent également entre eux. Le multiplexage est assuré ici par l'alternance des paquets destinés aux uns et aux autres. Il s'agit encore d'une transmission synchrone de paquets émis de façon sporadique, donc "asynchrones".

En revanche, X25 est un vrai protocole full duplex. Dans ce mode, l'émetteur continue à envoyer des paquets sans forcément attendre que les précédents aient été acquittés (anticipation). Ce mécanisme est valable aussi pour les trames. C'est la fonction du numéro de l'élément attendu N(R) du champ de commande. Supposons que la station B ait reçu des paquets numérotés 1, 2, 3 et 4. Si elle a également des données à transmettre, elle positionnera le compteur N(R) du paquet émis à 5, pour indiquer le prochain paquet attendu. La station distante A en déduit que les quatre premiers sont bien arrivés, mais elle a déjà envoyé les suivants. Ce mécanisme a évidemment une limite : la "fenêtre", c'est-à-dire le nombre maximum d'éléments pouvant être émis sans acquittement. Dans l'exemple, si la fenêtre est fixée à 7, A pourra envoyer les paquets 5 à 11, si B n'émet pas entre temps. Dès cet instant, la transmission est suspendue (contrôle de flux). Les fenêtres émission et réception ne sont pas obligatoirement identiques, pour adapter les débits différents des stations. La plus rapide "fermera" la sienne, tandis que l'autre l'ouvrira, limitant ainsi le stockage de paquets dans les noeuds intermédiaires.

Comme pour la longueur des trames en BSC, la taille de la fenêtre doit être choisie de manière à éviter des retransmissions trop longues en cas d'erreurs, tout en réduisant au maximum le nombre d'acquittements "forcés" (pouvant être des messages "vides"). Les paramètres de transmission (fenêtre, "classes de débits") sont négociables selon une procédure spécifique X25 entre les stations et leur commutateur d'accès. Ce sont les modalités du "déchargement du contenu des wagons". La négociation se poursuit de proche en proche entre les noeuds, jusqu'aux stations distantes. D'autres paramètres, comme le délai de "non-réponse" (dépassement du temps maximum alloué pour acquitter), sont fixés par programmation de la station elle-même.

Le réseau français TRANSPAC, ainsi que beaucoup d'autres, utilisent la technique X25. Il s'appuie sur le réseau téléphonique dont il est un "client". Les abonnés sont généralement raccordés par des liaisons spécialisées au point d'accès le plus proche, les modems étant fournis par le prestataire lui-même. La tarification est complexe mais indépendante de la distance. Elle est fonction du débit d'accès (2400 bit/s à 64 kbit/s), du volume de données, du nombre de paquets, du nombre de circuits virtuels ouvrables simultanément et de diverses facilités optionnelles. Les CV permanents (CVP), notamment, établis automatiquement par le réseau, sans appel. Il existe également une "taxation à l'appelé", sorte de PCV. Les utilisateurs occasionnels ont la possibilité de se connecter via le réseau commuté à des "accès banalisés synchrones". C'est la procédure X32 à 9600 bit/s, utilisant une trame particulière "XID". Ces abonnés sont identifiés par un code d'accès transmis au moyen d'un modem V32 muni d'un lecteur de carte à mémoire (MOCAM), et sont soumis à une facturation spéciale.

Les terminaux informatiques **asynchrones** sont incapables de fabriquer des paquets et ne sont pas identifiables par le réseau. Il faut donc que le réseau fournisse les fonctions qui leur manquent, sous forme de PAD (Assembleur-Désassembleur de Paquets), ou de PAVI (Point d'Accès Vidéotex) adapté au Minitel. D'une manière générale, les terminaux se connectent à ces dispositifs par le RTC, en appelant un numéro national réservé. Les caractères asynchrones sont transmis de la manière habituelle (Start-Stop) et "paquetisés" par l'équipement d'accès, pour pouvoir être transportés dans le réseau X25. C'est le système appelé qui est facturé, étant lui-même un abonné Transpac.

Le Minitel échappe à cette règle lorsqu'il accède à des services via un numéro réduit 361X (kiosque Teletel). Par ce moyen, l'opérateur public prélève une taxe payée par l'usager en fonction de la catégorie de prestation demandée et de la durée de la communication, dont une partie est reversée aux exploitants des "serveurs" vidéotex.

Serveur est le terme générique désignant un processeur qui permet à un utilisateur ou à un système informatique au sens large, d'accéder simplement à des requêtes spécifiques très variées : consulation astrologique, gestionnaire de bases de données, passerelle vers un réseau externe, Minitel Rose !... Il prend en charge toutes les "formalités" pour délivrer un service de façon aussi transparente que possible. Les grands serveurs publics se composent souvent de plusieurs systèmes interconnectés, dont un principal qui traite les appels. Il propose un "menu d'accueil" et, en fonction de la réponse du demandeur, il transfère la connexion vers le processeur de l'application souhaitée (reroutage X29M). Fréquemment, les choix de l'utilisateur sont alors guidés par des "menus déroulants". Chaque grille affichée dépend de la sélection opérée dans la précédente.

Les dispositifs PAD intégrés aux commutateurs sont paramétrables en fonction de l'application. Le taux de remplissage du paquet avant qu'il soit émis, l'écho local (du PAD) ou distant (du système appelé), l'usage de certains codes particuliers, etc, sont définis par des "profils" négociables entre le terminal et le point d'accès ou le serveur, selon des procédures normalisées (X3, X28). Un écran fonctionnant à 9600 bit/s peut se connecter à une station ayant un débit d'accès à 48 kbit/s. Le PAD devra donc adapter le débit en réception, par contrôle du flux. Dans beaucoup d'applications anciennes, de type traitement de texte par exemple, l'écho était obligatoirement renvoyé par le site distant. Dans un réseau X25, cela se traduit par un aller-retour de paquet pour ainsi dire vide, à chaque caractère tapé. Economiquement, c'est un désastre! Habituellement, le paquet est transmis lorsqu'il est plein, ou sur décision de l'opérateur, en fin de message.

Des commutateurs de tailles et de prix très variables possèdent à peu près tous, les fonctionnalités décrites. Si pour absorber le trafic, Transpac utilise des noeuds de transit capables de traiter plusieurs dizaines de milliers de paquets par seconde, un réseau privé pourra se satisfaire d'équipements plus modestes, d'une connectivité de quelques centaines de paquets/s. Ils sont généralement commercialisés par des fabricants spécialisés, mais les constructeurs informatiques proposent des solutions globales équivalentes. Le "plan de numérotation", méthode logique pour désigner les différentes stations d'un tel réseau, repose sur des adresses réduites, comparées aux numéros d'appel attribués par le réseau public. La concentration des terminaux asynchrones est réalisée de la même manière, par des PAD "privés". L'interconnexion des réseaux nationaux (ITAPAC en Italie, DATEX-P en Allemagne, PSS en Angleterre, ...) s'effectue par l'intermédiaire de noeuds de transit internationaux gérant un protocole particulier : le X75.

Choix d'une solution

Pour une entreprise voulant se doter d'un réseau, quelle solution choisir : LS, X25 privé, Transpac ...? Le problème se pose en termes de :

- type d'application. La commutation de paquets convient mieux au transactionnel en raison des volumes faibles (taxation au nombre de paquets).

- possibilité d'effectuer des concentrations en des points judicieux, afin d'éviter un trop grand nombre de supports ou d'abonnements.

- répartition géographique de ces points (locale, régionale), car les coûts de location de liaisons spécialisées augmentent avec la distance.

- pérennité des investissements avec une technique normalisée, etc.

Dans un environnement hétérogène, un réseau de type unique et ouvert est un atout. Le raccordement X25 de matériels et de protocoles d'origines diverses ne pose pas de problèmes insurmontables. La plupart d'entre eux disposent d'interfaces directes. Si ce n'est pas le cas, on peut toujours avoir recours à l'"encapsulation" consistant à "emballer" les trames synchrones dans des trames HDLC. A titre d'exemple, les systèmes IBM dans un premier temps, nécessitaient un frontal X25 supplémentaire pour le transport des trames BSC ou SDLC. Cette méthode surcharge inutilement les liens de paquets non significatifs, destinés au polling des stations. L'utilisation par la suite du logiciel QLLC (Qualified Logical Link Control) dans les frontaux et les contrôleurs a supprimé cet inconvénient, en ne laissant passer que les données pertinentes. Enfin, le programme NPSI (Network Packet Switching Interface) installé dans le frontal 3745 a rendu inutile l'équipement X25 dédié.

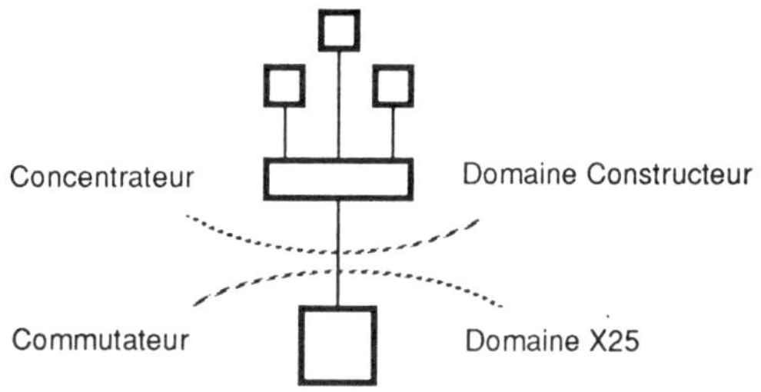

4 - Interface X25

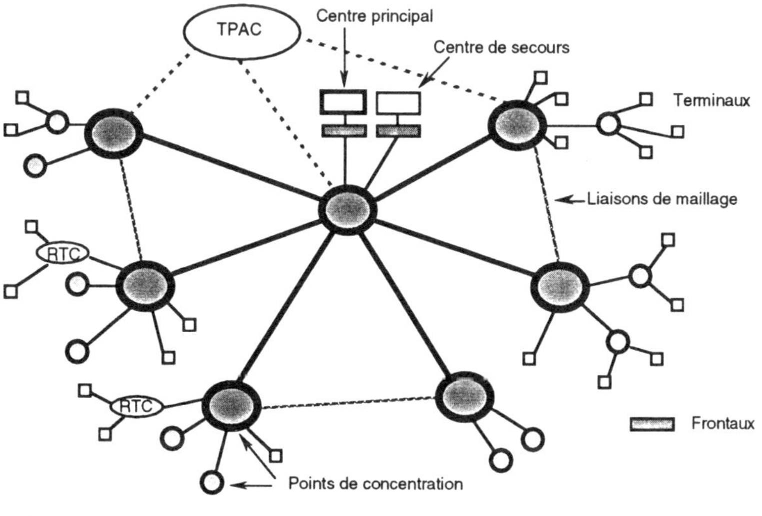

5 - Réseau X25 privé

Mais revenons au cas de notre banque, en prenant quelques hypothèses idéales. Le centre de traitement se trouve en région parisienne, doublé d'un site de secours (back up) distant de quelques kilomètres. Les agences sont réparties sur l'ensemble du territoire, regroupées dans les grandes agglomérations, pour la plupart. D'autres, également assez proches les unes des autres, sont situées en banlieue. Enfin, quelques bureaux peu importants sont isolés à quelques dizaines de kilomètres du centre régional. Il y a donc deux niveaux de concentration possibles. Après étude, le choix s'est porté sur une solution X25 privée, plus économique.

Le nombre de transactions effectuées à l'heure la plus chargée a conduit à dimensionner les liens comme suit :

- connexion des agences : 9600 bit/s
- connexion des concentrateurs X25 secondaires (100 paquets/s) : 19,2 kbits/s
- connexion des concentrateurs primaires (300 paquets/s) : 64 kbit/s.

A part les agences déportées dont l'activité est réduite et qui se connecteront via le RTC, les autres utilisent des LS analogiques. Les liaisons à 19,2 et 64 kbit/s sont de type numérique (Transfix). Cette topologie de réseau étoilé est classique mais peu fiable car elle isole toute une région en cas de rupture d'un lien principal. Le maillage des noeuds deux à deux offre une meilleure sécurité, mais risque de doubler la charge d'une des liaisons lorsque l'autre est indisponible. Cette situation est temporairement acceptable, à condition de fonctionner en "mode dégradé", c'est-à-dire avec des temps de réponse accrus. Il est à noter que le dialogue entre certaines agences ne peut avoir lieu qu'à travers le commutateur central, ce qui a pour conséquence de le surcharger en fonctions de commutation. Sa capacité de traitement est d'ailleurs toujours supérieure aux autres, de l'ordre de 600 à 1000 paquets/s par exemple, souvent dupliquée à ce niveau dans des machines redondantes. Toutes les lignes doivent pouvoir être basculées vers le site de secours pendant les arrêts du centre d'exploitation. Un maillage de tous les noeuds peut être envisagé, mais le coût de ces liaisons supplémentaires est important, pour une utilisation peu fréquente.

Une autre possibilité de sécurisation existe avec Transpac. Si les noeuds primaires et secondaires, ainsi que les deux centraux disposent d'un abonnement, les contraintes de la situation précédente disparaissent. Cette solution est souvent adoptée, compte-tenu de la facturation au volume. De plus, lors de pointes de trafic, il peut y avoir "débordement" sur le réseau externe, car les commutateurs sont capables d'"éclater" les débits sur plusieurs liens (équirépartition). Le secours des agences elles-mêmes pourrait être assuré automatiquement au moyen de modems V32, via le RTC. En conclusion, l'association de réseaux privés et publics permet des solutions économiques et sécurisées.

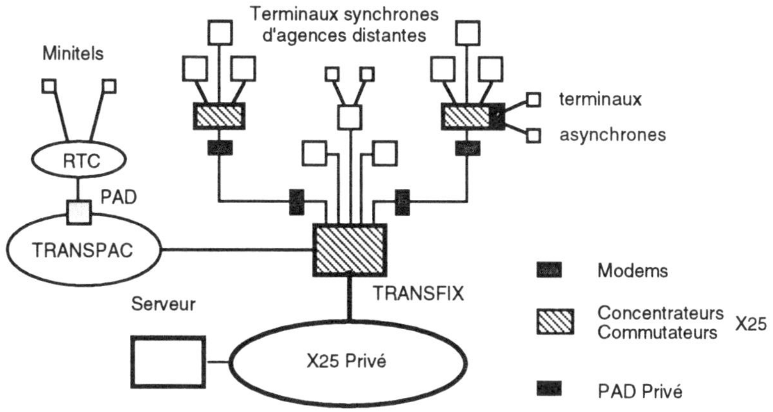

6 - Concentration régionale d'agences

Grâce à l'accès au réseau public, un client peut effectuer certaines opérations par Minitel. Le code mnémonique du service tapé après 3615 est interprété comme l' adresse Transpac du point d'accès au réseau privé. Des données complémentaires "privées" dans les paquets permettent au commutateur de réaliser une "conversion d'adresse", afin de prolonger le CV jusqu'au serveur adéquat.

Deux exemples d'applications du X25 : les messageries et le service TRANSVEIL

Les systèmes de messagerie ont pour but de faciliter les échanges de petits fichiers (notes de service, messages personnels) au sein d'une entreprise, ou dans un contexte plus large, entre les abonnés d'un réseau quelconque (il faut au moins disposer d'une ligne!). Ils assurent aussi quelques fonctions annexes, comme la tenue d'agendas et l'archivage des documents. L'application peut se trouver dans le poste de travail lui-même, un PC (Personal Computer) par exemple. Mais le plus souvent, c'est le Minitel -terminal économique par excellence- qui est utilisé. La messagerie est alors hébergée par un serveur de type vidéotex, gérant notamment l'affichage "mosaïque" qui permet des effets semi-graphiques. L'utilisateur dispose de façon temporaire ou permanente d'une part des ressources du serveur, sous forme d'espace mémoire, appelé "boîte aux lettres" (BAL). Il dispose également d'une procédure de formatage et d'envoi des messages (grilles d'écrans). Les destinataires sont désignés par leurs initiales, mais il est possible de diffuser automatiquement des informations vers les BAL de tous les abonnés, ou d'un groupe, à l'aide de listes pré-établies. Lorsqu'ils se connectent au service, le système leur indique s'il y a ou non des messages en attente. Ils peuvent alors être consultés, en les détruisant ensuite ou en les conservant. L'expéditeur est informé que son message a été lu, mais il a aussi la possibilité de demander une réponse, de préciser un niveau d'urgence, etc. Transpac propose un service de messagerie normalisé : ATLAS 400.

D'une certaine manière, l'Echange de Données Informatisées (EDI, Electronic Data Interchange) peut être apparentée aux messageries. Si ce n'est que ce sont les documents eux-mêmes qui sont transmis, dans leur format caractéristique (bordereaux de commande, factures), éliminant ainsi les opérations fastidieuses avec des supports papier. Il va sans dire que ce format doit être adopté par tout le monde, donc normalisé. En fait, il l'est déjà depuis pas mal de temps pour certaines corporations. Les constructeurs automobiles, notamment, s'en servent pour approvisionner les chaînes de montage en pièces détachées provenant de leurs nombreux fournisseurs.

TRANSVEIL est un service de "téléaction" associé au réseau Transpac. Sa mission est de garantir la sécurité de personnes ou d'établissements sensibles (banques, équipements frigorifiques, personnes âgées). Le particulier ou l'entreprise possède un "terminal de ligne" raccordé en parallèle sur l'installation téléphonique, via un modem supraphonique. Cet adaptateur supporte un boîtier d'appel d'urgence, ou des "boucles séches" (contacts activés en cas d'ouverture intempestive ou de dépassement d'un seuil fixé). Les signaux d'alarme sont transmis en supravocal (55 kHz) et acheminés à travers TPAC vers un prestataire de services spécialisé (antenne médicale, société de gardiennage) qui déclenche une intervention. L'utilisation d'une fréquence hors-bande présente un double intérêt : la continuité de la ligne d'abonné peut être vérifiée en permanence (toutes les 2 secondes). D'autre part, l'usage normal du téléphone n'est pas perturbé.

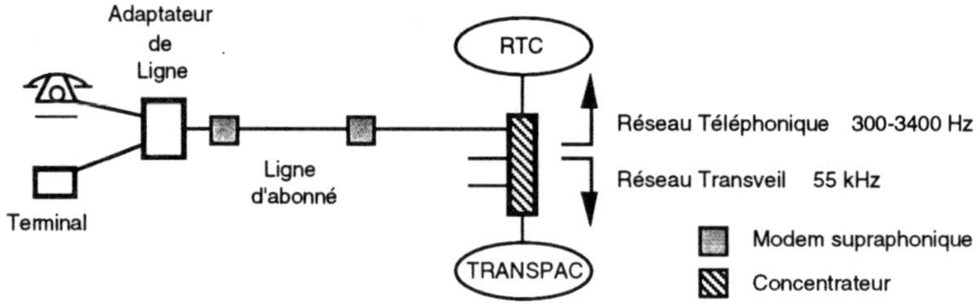

7 - Le service Transveil

Actuellement, d'autres services peuvent être envisagés pour concevoir des solutions réseaux. Le RNIS en est un.

Le RNIS

L'infrastructure "télécom" progressivement mise en place débouche sur un réseau commuté "tout numérique". Pour une grande part, les artères et les centraux de commutation bénéficiaient déjà de cette technique, il ne restait qu'à la prolonger jusque chez l'abonné. Rappelons que la demande de liens spécialisés à des débits supérieurs à 9600 bit/s ne pouvait être satisfaite que par Transfix. Il y a quelques années est apparu un support commuté transparent à 64 kbit/s : TRANSCOM, baptisé aussi pré-RNIS. Le raccordement par liaisons Bande de Base à 72 kbit/s faisait l'objet d'une installation spéciale utilisant une interface X21 (accès synchrones aux réseaux commutés). Il n'était donc pas banalisé.

On a vu que la bande passante du téléphone analogique et sa signalisation limitée au strict minimum, circulant sur la même ligne, étaient mal adaptées aux données. La création d'un réseau parallèle réservé à la signalisation en mode message -beaucoup plus riche- (Canal Sémaphore ou Signalisation CCITT N° 7), associée aux qualités de la transmission numérique, ont permis la naissance du RNIS (Réseau Numérique à Intégration de Services). Dorénavant, la voix et les données de toute nature vont pouvoir "voyager" ensemble.

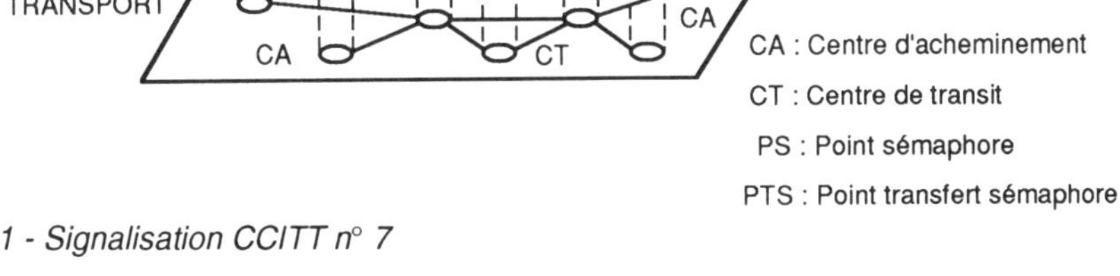

1 - Signalisation CCITT n° 7

Jusqu'ici, les utilisateurs de réseaux spécialisés (Transfix, Transpac,...) avaient besoin d'un raccordement spécifique à chacun d'eux. Le RNIS propose l'accès à un grand nombre de services (d'où son nom) à l'aide d'une "prise" universelle, du type de celle utilisée pour le raccordement du combiné à votre poste téléphonique moderne (RJ 11). NUMERIS (nom commercial du service) permet donc la connexion d'applications très diverses par l'intermédiaire d'un seul numéro, donnant lieu à une seule facturation.

L'accès de base

Le boîtier de raccordement placé chez l'usager est la TNR (Terminaison Numérique de Réseau). La ligne privée est du type 4 fils, mais la liaison (Bande de Base) vers le terminal de ligne d'abonné (TL) reste celle déjà en place, la fameuse paire de cuivre. L'acquit est conservé grâce aux annuleurs d'écho. L'interface normalisée côté réseau est appelée "To", et "So" côté utilisateur. Il dispose d'un accès dit "2B + D", c'est-à-dire de deux canaux multiservice à 64 kbit/s et d'un canal de signalisation à 16 kbit/s, soit 144 kbit/s au total. Les couches basses du RNIS sont conformes à l'OSI. Le niveau 2 (LAP-D) est très proche du protocole HDLC et adapté aux connexions de type multipoint. La couche 3 prend en charge l'établissement et la gestion des communications, ainsi que les contrôles d'erreurs et de flux.

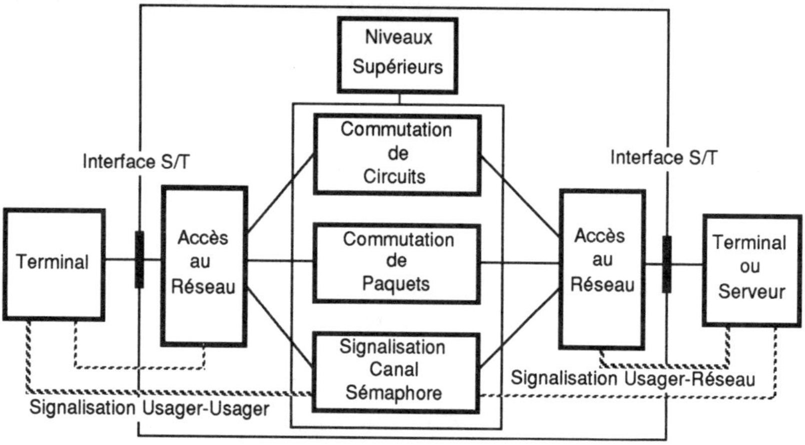

2 - Synoptique du RNIS

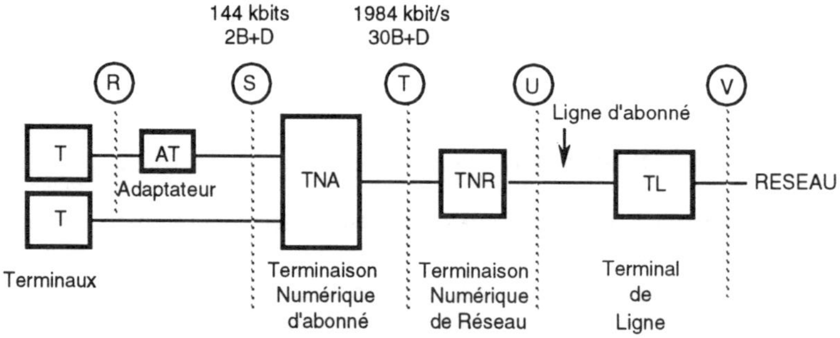

3 - Interfaces normalisées

Dans l'offre RNIS, on distingue tout d'abord les **services support** :

- le CCBT (Circuit Commuté sur le Canal B Transparent), sans restriction -ou numérique de bout en bout-, convenant à la transmission "sans erreurs" des données

- le CCBNT, non transparent, comparable aux circuits analogiques classiques. Cela signifie qu'en fonction du type d'informations, le réseau se réserve le droit d'effectuer certaines conversions, notamment numériques-analogiques pour la parole. Il ne faut pas perdre de vue qu'à ce jour le réseau téléphonique n'est pas entièrement numérisé. L'utilisateur a la possibilité de définir le type de circuit correspondant au service demandé.

Le RNIS propose également des **"télé-services"**. En font partie : la téléphonie haute qualité (à partir d'une bande élargie à 7 kHz), la télécopie Groupe 3 (CCBNT) et Groupe 4 (CCBT), la transmission de l'image, etc. Les télécopieurs, ou "fac-similés" (FAX) sont des appareils à lecture optique, des "scanners", transmettant sous forme codée des "tranches" d'images successives de documents. La "définition" (nombre de points au millimètre), donc la qualité de reproduction, est assujetie au débit disponible, afin d'assurer les transmissions dans des délais raisonnables. Les fax actuels fonctionnent à 9600 bit/s, en réalisant la compression des données. Les télé-services sont de niveau applicatif au sens de l'OSI car les terminaux correspondants nécessitent un protocole de bout en bout pour communiquer entre eux.

D'un point de vue purement téléphonique, une signalisation enrichie permet de nombreuses facilités qui améliorent le confort de l'utilisateur d'un téléphone numérique à affichage digital. Citons, entre autres :

- le double appel

- la redirection d'appel (transfert vers un autre terminal)

- la prise d'appel en instance avec mise en garde de la communication en cours

- la présentation systématique d'appel, même lorsque toutes les ressources sont occupées

- l'identification du demandeur par affichage du numéro, très pratique pour "filtrer" les importuns!

- la signalisation d'usager à usager, sorte de mini-messagerie permettant de conserver la trace d'un appel lorsque la communication n'a pu être établie.

A partir de la TNR, il est donc possible de connecter toute une série d'appareils, éventuellement munis d'adaptateurs d'interface "So", tels que micro-ordinateurs, Minitel, fax et bien entendu, des téléphones! Un "bus" passif en accepte jusqu'à 5. Toutefois, ils ne peuvent communiquer entre eux qu'à travers le réseau. Avec une architecture "Régie à Bus Unique", cette fonction est réalisable en interne. De plus, un groupe de terminaux est appelable directement par "Sélection Directe à l'Arrivée" (SDA), en se servant des quatre derniers chiffres du plan de numérotation public (équivalent de la "ligne directe", sans passer par un standard téléphonique). Un complément de service, la sous-adresse, permet la connexion directe à un terminal du groupe.

La régie, ou TNA (Terminaison Numérique d'Abonné) est une sorte d'autocommutateur privé. Dans les installations plus importantes, c'est d'ailleurs un "central téléphonique", ou PABX (Private Automatic Branch Exchange). Dans ce cas, le raccordement de plusieurs bus passifs en étoile est possible. Les équipements d'abonnés se partagent les voies d'accès et peuvent donc fonctionner simultanément. La transmission en mode paquet est réalisée sur un canal B transparent, mais aussi sur le canal D, prévu pour les connexions à Transpac.

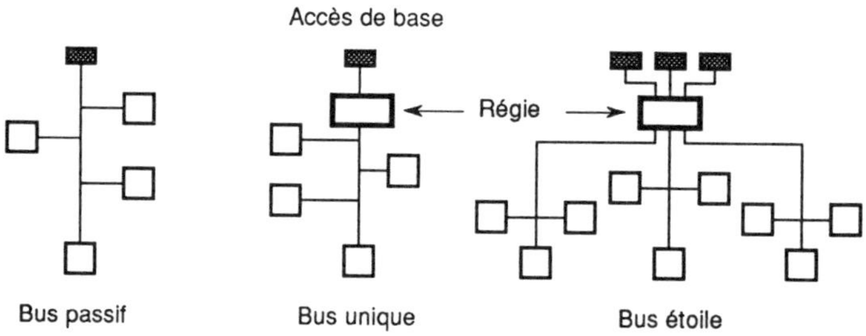

4 - Les modes de raccordement au RNIS

L'accès primaire

Cet accès est dit "30 B + D", c'est-à-dire 30 fois 64 kbit/s, plus un canal de signalisation à 64 kbit/s, soit 1984 kbit/s (31 IT MIC). Les interfaces sont alors de types "T2" et "S2". La tarification du RNIS, fonction de la durée et de la distance, conduit à l'éliminer pour des applications transactionnelles, à connexion permanente. En revanche, les débits offerts le rendent attrayant pour de gros transferts de fichiers sécurisés. Dans le domaine du son, l'audioconférence et les duplex radiophoniques constituent des exemples d'utilisation bénéficiant directement d'une qualité téléphonique enrichie. En ce qui concerne l'image codée, une norme fixe les fréquences d'échantillonnage à

13,5 MHz et 6,75 MHz pour la luminance et la chrominance (elle est de 8 kHz pour le son!). La bande nécessaire serait donc de 216 Mbit/s, incompatible avec les réseaux actuels. Des techniques de compression permettent néanmoins la transmission d'images fixes (photos, télésurveillance) sur des canaux B, à partir de serveurs d'imagerie adaptés. En combinant plusieurs canaux B, constituant une seule voie logique, il est possible de traiter des images faiblement animées, suites d'images fixes "rafraîchies" à intervalles plus ou moins longs, pour la visioconférence notamment. Le RNIS est déjà couramment utilisé pour la fonction de débordement-secours des réseaux privés.

Dans le cadre de notre réseau bancaire, cette solution pourrait s'avérer économiquement rentable, comparée à celle envisagée avec Transpac, bien que les débits proposés soient parfois surdimensionnés. Il est souhaitable que les machines X25 possèdent des interfaces So car les adaptateurs coûtent cher, et de plus, l'"empilement de boîtes noires" n'est pas satisfaisant en pratique. Pour le secours de débits supérieurs à 64 kbit/s, un inconvénient réside dans la difficulté de synchronisation des canaux B entre eux par le réseau.

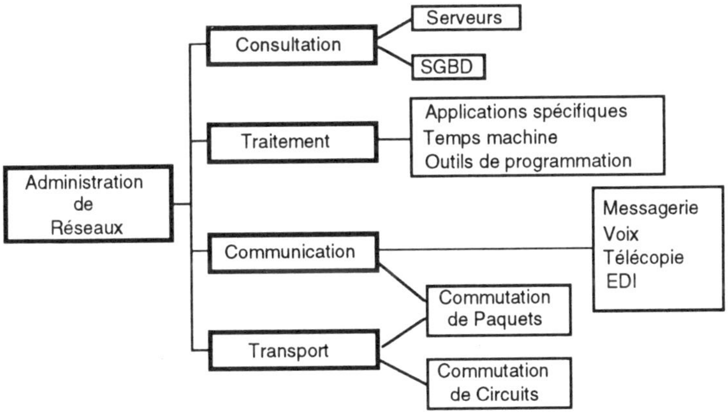

5 - Réseaux et services à valeur ajoutée

11

Les réseaux locaux

Sur le "bus" entre deux ordinateurs proches, les données sont transmises en parallèle. Les transferts se font sous contrôle des processeurs eux-mêmes, donc à des débits très élevés. Un cas type est celui de la connexion à l'unité centrale (vc) du frontal de télécommunications, dont une des fonctions consiste à adapter ces flux aux débits relativement faibles des lignes. De la même manière, les organes périphériques -beaucoup plus lents que l'UC- sont connectés par des câbles en "nappes", au travers de coupleurs qui gèrent les échanges et régulent les flots d'informations. Ces bus ne sont utilisables que dans des environnements homogènes, en point à point et sur de courtes distances. Si l'on veut conserver des débits importants entre processeurs éloignés de plusieurs centaines de mètres, il faut utiliser un support plus commode, de type filaire. La transmission se fait donc en série et nécessite des "coupleurs" chargés d'assurer la conversion. En raccordant les périphériques au support à l'aide de cette interface, on peut envisager de les rendre partageables entre les différentes unités de traitement de données. A condition, bien sûr, que tous les équipements puissent s'"appeler" mutuellement et parfois "attendre leur tour", c'est-à-dire qu'ils utilisent un protocole commun géré par le coupleur, sous contrôle d'un superviseur.

C'est le principe du Réseau Local ou RLE (Réseau Local d'Entreprise, ou encore LAN, Local Area Network). Toutes les ressources matérielles et logicielles sont en principe accessibles à l'ensemble des utilisateurs, simultanément ou en temps partagé (imprimantes). C'est au gestionnaire de Réseau Local qu'il incombe de résoudre les conflits d'accès. Théoriquement, rien ne s'oppose à ce que des machines d'origines diverses soient interconnectées de cette manière, si elles possèdent une interface cohérente. Un "serveur réseau local" peut remplir cette fonction pour un groupe extérieur, constituant un réseau distinct, pouvant être un autre Réseau Local. On parle dans ce cas de "passerelle".

Les supports de transmission utilisés vont de la paire torsadée téléphonique à la fibre optique, en passant par le câble coaxial. Là commencent les divergences! La topologie "logique" des "RLE" est pratiquement toujours un anneau. Les données, mises dans des trames, sont la plupart du temps diffusées d'une station vers toutes les autres. Ce mode est souvent appelé "sans connexion" (liaison permanente, sans appel).

La portée d'un tronçon, fonction du support, est relativement limitée, mais il est possible de l'étendre par l'emploi de répéteurs, pouvant être les boîtiers de raccordement des stations au support (MAU Medium Access Unit). Ils assurent, entre autres, le codage et la reconnaissance des trames. Les équipements sont éventuellement disposés en étoile autour des points de raccordement, eux-mêmes reliés par un bus, mais on rencontre beaucoup d'autres architectures physiques. En amont, les terminaux disposent d'une interface spécialisée (Méthode d'Accès), gérée au moyen de macro-commandes de type "écrire" (sortie vers le réseau) ou "lire" (entrées en provenance du réseau).

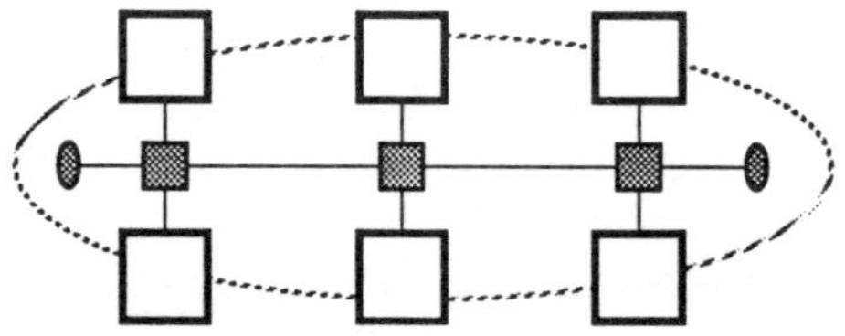

1 - Topologie logique en anneau des réseaux locaux

Si l'idée de base des réseaux locaux paraît simple, en pratique les nombreux systèmes proposés se caractérisent par une très grande dispersion de techniques. La lutte commerciale, liée au phénomène de la "micro-informatique", est serrée et la normalisation se heurte à de grandes difficultés. On se bornera ici aux grandes tendances et aux termes les plus courants, sachant que chaque réseau est un cas particulier et nécessite une étude approfondie. Si on se réfère à l'OSI pour les couches basses, on constate qu'au niveau 1, les méthodes d'accès sont très spécifiques, en raison de la diversité des supports et des moyens de raccordement. La seule ressemblance se situe au niveau d'un sous-ensemble de la couche 2 (LLC, Logical Link Control), avec un protocole de type HDLC, proche du LAP-B. Au-delà , (niveau paquet) il existe une multitude de protocoles, autant que de constructeurs! Parmi eux, le TCP/IP (Transmission Control Protocol/Internet Protocol) souvent utilisé dans le monde UNIX (AT&T). Quoi qu'il en soit, nombre de réseaux locaux sont déjà en place et condamnés à cohabiter, grâce aux passerelles.

Couche Liaison
Couche Physique (OSI)

LLC (Logical Link Control)				
IEEE 802.3 ETHERNET	IEEE 802.4 Jeton sur Bus	IEEE 802.5 Jeton sur Boucle	IEEE 802.6 DQDB	IEEE 802.7 FDDI
Couche Physique				

2 - Couches basses des réseaux locaux

Deux grandes familles de réseaux locaux se dégagent : ceux "à contention" et ceux "à jeton". Les plus représentatifs de chaque groupe sont ETHERNET (DEC, INTEL, XEROX), plutôt réservé aux grands systèmes, et le "TOKEN RING" qui se rencontre plus fréquemment dans le domaine des micros bureautiques. Un organisme américain, l'IEEE (Institute of Electrical and Electronic Engineers) a "normalisé" leurs méthodes d'accès, respectivement sous les appellations 802.3 et 802.5. Dans le premier mode, dit "à détection de collision" (CSMA/CD Carrier Sense Multiple Access/Collision Detection), une station "à l'écoute de la porteuse" émet pendant les "silences". Si une collision, ou superposition de messages, est détectée, la station refait une tentative au bout d'un temps aléatoire. Le débit théorique est de 10 Mbit/s dans le cas d'Ethernet, mais il peut se dégrader sérieusement lorsque le nombre d'équipements connectés augmente, à cause des trames "accidentées"! En réalité, il existe 5 variantes du 802.3, en fonction du support utilisé, dont deux en bande de base sur paire torsadée à 1 et 10 Mbit/s. C'est la norme adoptée par StarLAN.

Dans le réseau à jeton, un message particulier "circule" et peut être intercepté au passage par une station. Elle est dès lors seule à pouvoir émettre, en retransmettant le jeton. Ici encore, les principes divergent. L'IEEE distingue le "jeton sur bus" (802.4) du "jeton en anneau" (802.5). Avec le premier, le passage du jeton se fait suivant un ordre décroissant des adresses station, il est diffusé sur le bus vers toutes les stations, dont une seule est destinataire. Le jeton est dans ce cas, "adressé", il ne "tourne" pas sur l'anneau logique que constitue malgré tout le bus. Les débits obtenus sont 1, 5 et 10 Mbit/s. Dans la version en boucle, le bit de la trame qui représente le jeton indique s'il est libre ou occupé. Une station émettrice attend pour le libérer au profit d'une autre, qu'elle ait entièrement reçu sa propre trame après une rotation complète sur la boucle. C'est la méthode de la "trame unique". Pendant ce temps, aucune autre station ne peut émettre et les performances sont médiocres. Dans le but de les améliorer, le jeton est remis à l'état libre sur réception par l'émetteur du début de trame, ou encore, dès la fin de l'émission. Dans ce dernier cas, plusieurs trames peuvent circuler sur la boucle, puisque les stations situées en aval et désirant émettre, "voient passer" un jeton disponible. C'est le principe retenu par le Token Ring d'IBM à 16 Mbit/s, les deux autres fonctionnant respectivement à 1 et 4 Mbit/s. Les coupleurs des réseaux locaux gèrent, non seulement le bit de disponibilité du jeton, mais aussi ceux relatifs à la priorité affectée à certaines stations.

L'autre aspect important des "RLE" réside dans les systèmes gestionnaires (attribution des ressources, sécurité,...). Ils constituent une couche intermédiaire obligatoire entre l'application et les méthodes d'accès, de la même façon qu'en informatique classique : lorsqu'un utilisateur désire "sauver" ses données sur les disques d'un ordinateur, il a une vision "logique" des fichiers. Il n'a pas à se soucier de l'unité physique qui sera sélectionnée, pas plus que des conflits éventuels entre plusieurs accès concurrents, que le système devra résoudre. Si le réseau local s'insère dans cette chaîne, un processus semblable doit lui être appliqué. La lutte est également très serrée dans ce domaine. Signalons uniquement LAN MANAGER développé par MICROSOFT, qui s'adresse au système d'exploitation OS/2 d'IBM. Dans le monde des micro-ordinateurs sous système MS/DOS (Disc Operating System), de la même manière que le "BIOS" gère les fichiers (dont les périphériques font partie), le NETBIOS prend en charge le fonctionnement en réseau local. Ce logiciel permet une compatibilité entre certaines applications.

La qualité des supports modernes permet d'étendre la notion de réseau local à des architectures de plus grande envergure. On parle aujourd'hui couramment de MAN (Metropolitan Area Network) et de WAN (Wide Area Network). Le cadre typique d'utilisation d'un MAN est le campus. Il sert à fédérer les réseaux locaux situés dans des immeubles distants de quelques kilomètres. L'accroissement du nombre de stations connectées entraîne celui des débits nominaux du support, car plus son temps d'utilisation par une station sera court, plus la probabilité de pouvoir l'exploiter par d'autres sera grande.

Les réseaux locaux hauts débits

Deux systèmes sont en présence : le DQDB (Distributed Queue Dual Bus), correspondant à la proposition IEEE 802.6, et le FDDI (Fiber Distributed Data Interface) de l'ANSI (American Standard Institute). Parce qu'il a été développé dans le contexte des réseaux métropolitains, on parle habituellement de MAN-DQDB à propos du 802.6. Il utilise deux bus en fibre optique unidirectionnels transmettant des trames synchrones issues de générateurs situés aux extrémités. Les trames comportent des "slots" (intervalles), dont le nombre peut atteindre 59 dans certains cas. Pour envoyer les données, la méthode consiste à injecter des paquets d'informations "à la volée" dans des intervalles vides, au passage des trames. Cette opération est contrôlée à l'aide des deux premiers bits de chaque intervalle, indiquant son état disponible ou non, et la demande d'autorisation de l'utiliser d'une station (réservation). Les slots contiennent 45 octets. Les trames sont émises toutes les 125 microsecondes, ce qui donne un débit du bus de 160 Mbit/s. Mais, surtout, le débit correspondant à un octet particulier est de 64 kbit/s, celui d'une voie téléphonique numérisée! C'est pourquoi, dans le cas de la transmission synchrone "déterministe" nécessaire à la voix, ou isochrone, les équipements correspondants doivent impérativement se réserver des octets de la trame. Ce mode est donc équivalent au circuit commuté numérique.

En principe, le FDDI devrait convenir également aux deux types de transmissions. Il repose sur la technique du réseau à jeton sécurisé, en double boucle contra-directionnelles, constituée de fibres optiques. La restitution du jeton est immédiate. La transmission isochrone n'est possible qu'à la condition de pouvoir garantir un temps maximum de rotation du jeton (TTRT Target Token Rotation Time). C'est la priorité affectée aux équipements téléphoniques qui leur permet de "reprendre le jeton à temps". Néanmoins, en ce qui concerne la voix, une deuxième version de FDDI était envisagée, dite "à jeton temporisé". Ce réseau est prévu pour fonctionner à des débits d'une centaine de Mbit/s.

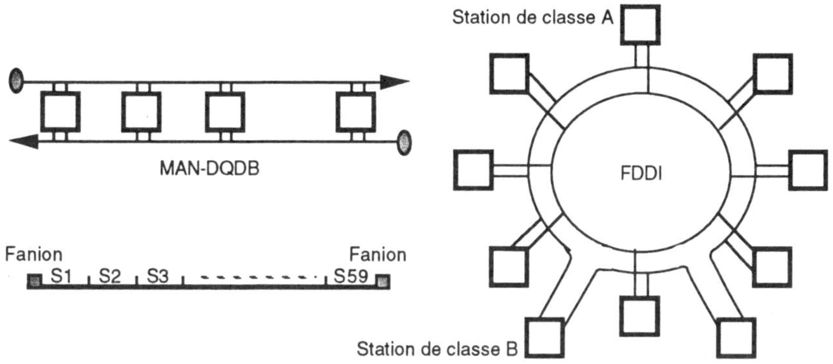

3 - Topologies des réseaux locaux hauts débits

L'interconnexion des réseaux locaux

Le domaine des réseaux locaux, restreint dans un premier temps au partage des périphériques lourds (disques magnétiques, imprimantes), a évolué vers celui d'applications distribuées. De plus en plus, le besoin se fait sentir de raccorder des stations et des serveurs, mais également des LAN voisins ou distants, à travers des réseaux plus vastes (publics, WAN). Cette interconnexion est souvent possible grâce à quelques dispositifs, au nombre de quatre, les répéteurs, les ponts, les routeurs et les passerelles.

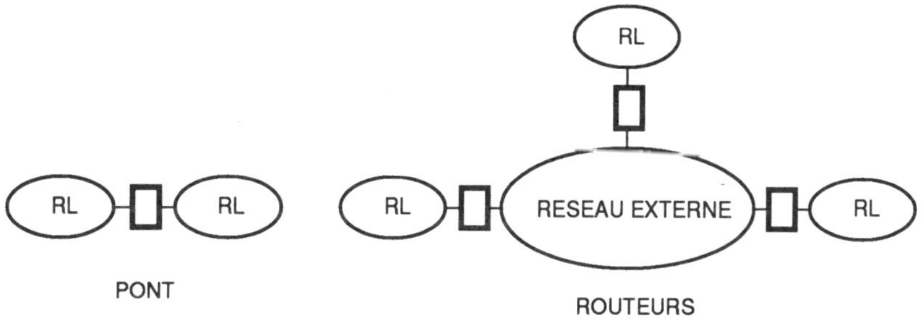

4 - Interconnexion des réseaux locaux

Les premiers, si l'on se réfère à l'OSI, se situent au niveau 1. Ils n'assurent qu'une continuité physique limitée du support.

Les ponts interviennent au niveau 2 (MAC, Medium Access Control). Dépendant de la méthode d'accès, ils ne peuvent relier que des réseaux homogènes de ce point de vue et ne conviennent pas pour créer des sous-réseaux (absence des fonctions de routage). Ils n'assurent pas de conversion de protocole et sont donc transparents pour les applications. Mais ce manque d'"intelligence" leur confère des performances bien supérieures aux autres équipements.

Tels les routeurs, notamment, qui eux, se positionnent au niveau 3 de l'OSI et dépendent par conséquent, des protocoles en jeu. Par exemple, l'interconnexion de réseaux incompatibles entre eux, comme qu'Ethernet et Token Ring, implique un protocole commun (TCP/IP, IPX de Novell,...). Les routeurs optimisent les chemins empruntés par les paquets ainsi que l'équirépartition des trafics. Ils offrent donc une meilleure sécurité que les ponts et sont généralement multiprotocole.

Quant aux passerelles, elles réalisent toutes les conversions jusqu'au niveau le plus haut, c'est-à-dire l'applicatif. Un cas type d'utilisation est l'interconnexion de réseaux locaux par un réseau X25. Les protocoles et les trames générées de part et d'autre du serveur d'accès appartiennent respectivement à chacun des deux domaines : celui du réseau local et celui du X25.

L'ensemble "passerelle", au sens large, et réseau intermédiaire constituent souvent un goulot d'étranglement, lié aux fonctionnalités intrinsèques des équipements. Ainsi, les ponts peuvent être engorgés par des trames locales, non destinées au réseau externe. On les complète donc parfois de fonctions de "filtrage", voire même de routage. Ces possibilités empiètent sur la couche 3. On parle alors de "ponts-routeurs" (B-Routers). Ils se comportent tantôt comme des routeurs, tantôt comme des ponts quand ils ne peuvent traiter le protocole utilisé.

De même qu'on parle des trois mousquetaires bien qu'ils fussent quatre, il convient de dire un mot d'un cinquième dispositif largement répandu dans les réseaux locaux : le "Hub". Comme son nom l'indique (moyeu), il occupe une position centrale dans une architecture en étoile, peu sécurisante *a priori*. Mais le fil d'ariane du bus qui circule entre les étages d'un immeuble "câblé" offre autant de difficultés à déceler un problème éventuel qu'il comporte de points d'accès. D'autre part, il regénère les signaux, supprimant du même coup les nombreux répéteurs nécessaires au bus. Parfaitement localisé, le hub concentre en un point la connectique et la gestion du réseau. Il peut en isoler chaque branche en cas d'incident et y remédier. L'occasion était trop belle et on en a profité pour doter le hub des fonctionnalités de routeur et de passerelle, assurant les conversions internes et externes. Il est devenu la plaque tournante de l'informatique... décentralisée !

Le réseau INFOLAN

Un cas concret d'interconnexion de réseau local à grande échelle est fourni par INFOLAN, constitué du réseau X25 mondial INFONET et de routeurs. L'architecture de base repose, comme toujours, sur un réseau maillé à commutation de circuits fournis par des opérateurs publics. Les liens inter-noeuds sont des canaux MIC à 2048 kbit/s, ou T1 à 1,544 Mbit/s aux Etats-Unis. Les voies d'accès des réseaux connectés supportent des débits d'au moins 64 kbit/s. Le protocole de transport utilisé est TCP/IP sous UNIX.

Les échanges entre les différents réseaux externes se déroulent en mode paquet (Internet Protocol). En interne, les routages et le contrôle de flux sont réalisés par le protocole TCP. A terme, une passerelle doit permettre les transferts directs entre stations X25 et les stations Infolan.

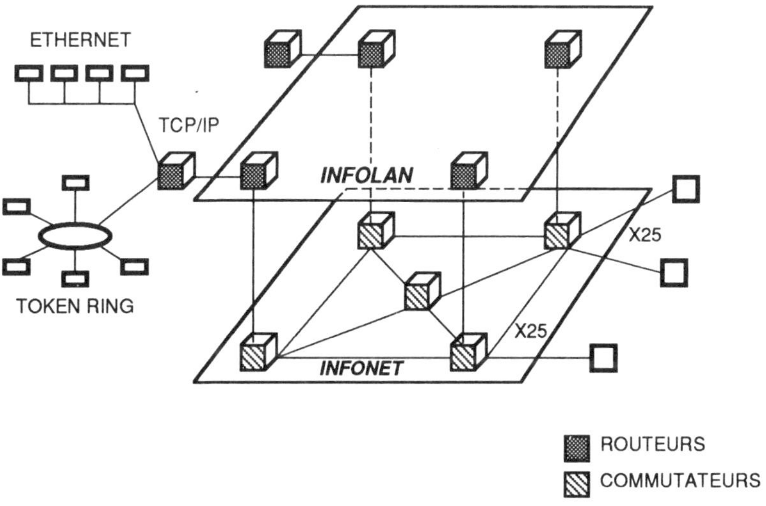

5 - Architecture du réseau INFOLAN

Les réseaux en général, et les réseaux locaux en particulier, posent le problème de la sécurité, non plus de la transmission, mais des accès. Des techniques comme l'utilisation de badges magnétiques ou des procédures d'identification ("log-in"), associées à des mots de passe doivent en principe, interdire les accès non autorisés aux services. Mais les banques en particulier, sont bien placées pour savoir ce que coûtent les connexions "pirates". Les réseaux constituent un des moyens pour inoculer les "virus informatiques" qui détruisent, lentement mais sûrement, l'organisation des fichiers systèmes, les rendant inutilisables. Les unités de sauvegarde (back up), qui fonctionnent en "miroir" des centres de traitement par recopies fréquentes des données d'exploitation, bénéficient d'une surveillance toute particulière. Elles prennent le relais en cas d'incident, pour autant qu'elles n'aient pas été infiltrées elles aussi. C'est le revers de médaille de l'interconnexion des systèmes "ouverts"!

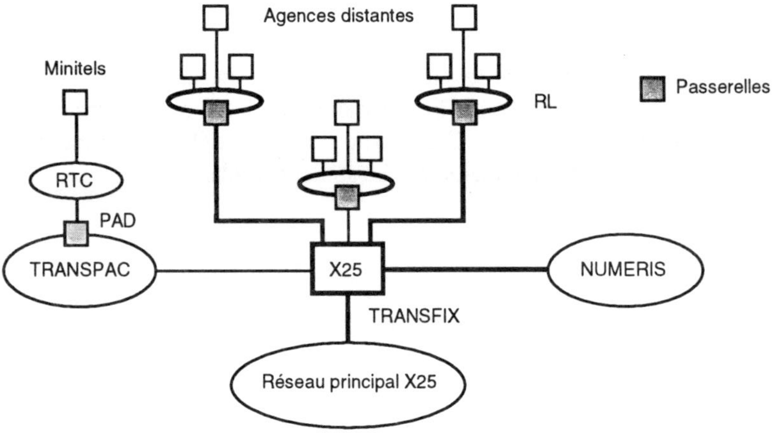

6 - Concentration régionale d'agences

Dans notre agence bancaire, justement, les micro-ordinateurs, GAB (Guichets Automatiques de Banque) ou DAB (Distributeurs Automatiques de Billets), etc... s'accommodent parfaitement d'un réseau local. L'accès X25 est rendu homogène grâce aux passerelles, le serveur X25 faisant office de concentrateur pour les réseaux locaux. Chaque station a ainsi accès aux applications centrales, mais également à d'autres serveurs reliés de cette façon au réseau principal.

□□□ 12

Les réseaux multimédia

On a assisté à un accroissement spectaculaire des débits de données "locales". Les grands réseaux ont aujourd'hui pour mission d'en interconnecter d'autres, qu'ils soient de type X25, LAN, MAN ou "exotiques". Ce terme regroupe des systèmes utilisant des protocoles de constructeurs, synchrones ou même asynchrones, généralement en fin de vie pour la plupart. Le résultat est une demande pressante de bande passante toujours plus large. Ces réseaux de "transport", ou primaires, constituent l'ossature (Backbone) qui relie entre eux des réseaux secondaires. Par ailleurs, les utilisateurs ont souvent une facture téléphonique importante. Plutôt que d'utiliser des LIA nombreuses entre les autocommutateurs des différents établissements, ils souhaitent tout naturellement se servir des mêmes artères réseaux ("Trunks") pour acheminer au minimum les communications vitales pour l'entreprise.

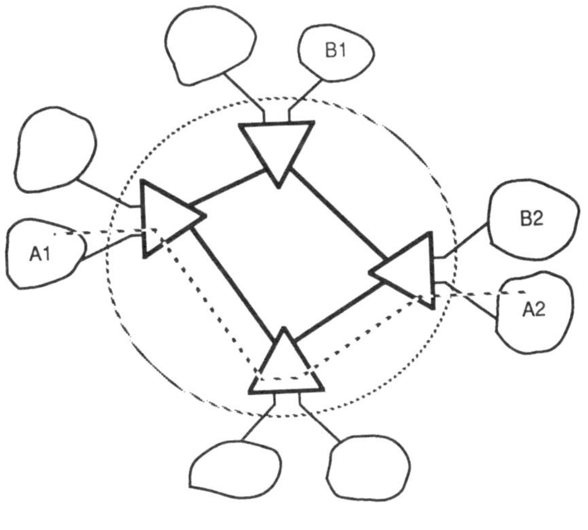

1 - Architecture d'un réseau de transport

Les équipements susceptibles de transporter les données et la voix sont des machines temporelles transparentes, les Multiplexeurs-Brasseurs numériques, déjà rencontrés. Après avoir démontré l'intérêt de la commutation de paquets, on en revient, paradoxalement, à celle de circuits.

Mais cela risque d'évoluer encore! Sur les liens hauts débits des multiplexeurs, ou "aggregates" la répartition entre les canaux voix et données est figée, l'allocation est statique. Une modification du partage de la bande exige une "reconfiguration" des matériels, qui entraîne généralement une brève rupture de l'exploitation. A de rares exceptions près, les débits correspondant à des canaux inactifs ne peuvent être récupérés. En outre, pour une configuration donnée, les connexions sont de type point à point et un routage de secours s'effectue le plus souvent pour des groupes entiers de canaux. Si l'un d'eux véhicule des paquets X25, la souplesse de ce mode d'adressage n'a plus cours dans le réseau primaire, puisque les données empruntent toujours le même chemin. Enfin, sauf pour les voies ne faisant que transiter par un noeud, le routage des canaux oblige à démultiplexer les trames, à les réorganiser (commutation) et à les remultiplexer ensuite. Malgré ces inconvénients, les multiplexeurs numériques sont pratiquement les seules machines actuelles capables de supporter les débits de plus en plus élevés nécessaires et de transporter des données de nature et de caractéristiques aussi diverses : voix ou données, synchrones ou asynchrones, de quelques centaines de bit/s à 2Mbit/s.

Le transport de la voix

Les lignes MIC "privées" sont rarement utilisées en raison de leur prix élevé. Les débits composites sont donc généralement limités à 1920 kbit/s. Rappelons que les lignes Transfix appartiennent aux faisceaux publics et par conséquent, qu'elles sont synchronisées pour la voix. Les liaisons locales autocommutateur-multiplexeur comportent, soit des lignes analogiques, auquel cas c'est le multiplexeur qui numérise la parole; soit des liens MIC internes, si le PABX est de type numérique. Chaque canal numérisé occupe une bande légèrement supérieure à 64 kbit/s sur la voie composite.

Exemple de multiplexage voix-données

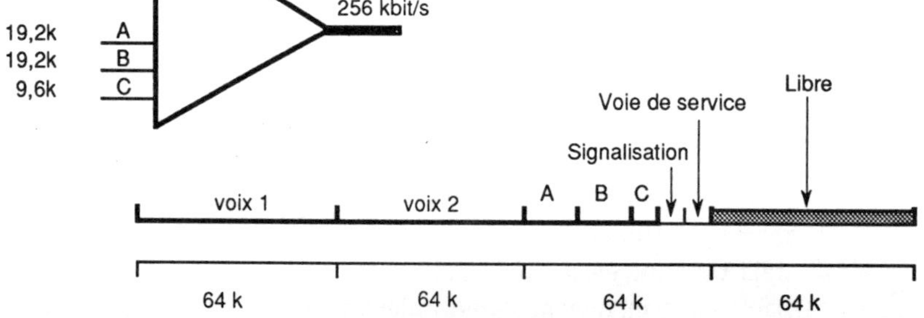

2 - Constitution d'une trame voix-données

Les IT 1 et 2 sont extraits du MIC et insérés sur la voie à 256 kbit/s comme indiqué. Les données représentent un débit global de 48 kbit/s, soit au total 176 kbit/s. Une partie de la bande est nécessaire à l'inévitable signalisation des voies téléphoniques (de la même façon que le réseau public utilise un IT pour signaler 30 voies). Une autre partie de la bande est consommée pour la séparation des voies de données "bas débits" A, B et C, qui devront pouvoir être extraites du canal à 64 kbit/s (sous-multiplexage). Un canal de supervision servant aux échanges permanents d'informations de gestion du réseau se réserve également une part du débit. La bande résiduelle ne pourra donc pas être affectée à une voie phonie supplémentaire, à cause de la signalisation "hors-bande".

La compression

On constate que le transport de la voix coûte cher en bande passante. C'est pourquoi les constructeurs proposent différentes méthodes de compression à 32, 16 ou 8 kbit/s, voire moins. Il ne suffit pas d'échantillonner moins souvent le signal pour ne transmettre que 2, 4 ou 8 fois moins de bits, car cela entraînerait une sévère dégradation de la qualité. Les procédés utilisés sont propres à chaque constructeur, sauf pour l'ADPCM à 32 kbit/s (Adaptative Differential Pulse Coded Modulation) qui est une norme. Cette technique consiste à quantifier, non plus l'amplitude instantanée du signal, mais sa variation par rapport à la valeur précédente. Les autres procédés sont basés sur une quantification vectorielle (un vecteur mesure à la fois l'amplitude du signal et sa pente de montée ou de descente). Une analyse statistique de la parole permet aussi d'éliminer des valeurs redondantes ou peu significatives. Pour les débits les plus faibles, la voix est parfois synthétisée. Des codes réduits transmettent alors des "commandes" destinées à des microprocesseurs spécialisés qui reconstituent les sons à partir de trois composantes artificielles (nez, gorge et poumons). D'une manière générale, la qualité reste très acceptable. Avec un facteur de compression de 8, l'équivalent de 8 IT d'un MIC, donc 8 communications, n'occupent que 64 kbit/s. Car presque toujours, les bits de signalisation sont inclus, il s'agit cette fois d'une signalisation "dans la bande". Le lien composite de l'exemple pourrait être ramené à 128 kbit/s, pour 8 communications au lieu de 2. Le Fax Groupe 4, dont il a déjà été question, peut être compressé à 19,2 kbit/s dans un canal téléphonique (3 connexions dans un IT).

Les informations relatives aux images numérisées sont identiques aux précédentes et traitées de la même manière. Compressées à 384 kbit/s, ou moins, par un "codec" (codeur-décodeur), elles restituent des images couleur de bonne qualité, rafraîchies une vingtaine de fois par seconde.

Les données synchrones peuvent également être compressées au moyen de lois récurrentes complexes et performantes (algorithmes). Ils exploitent la répétition de certains caractères, leur répartition statistique dans les fichiers,... Les compresseurs synchrones s'adaptent en temps réel au format des données et permettent des taux de compression de 2 à 4. La fonction réalisée se distingue de celle des modems par le fait qu'ils possèdent plusieurs entrées d'une part, et qu'ils s'adaptent automatiquement au type de connexion réalisée, d'autre part. Cela pour la bonne raison qu'ils ne sont pas transparents. Ils se doivent de respecter le format des trames, et notamment les champs nécessaires au protocole de transmission. Les compresseurs fonctionnent par paires, à des débits relativement faibles, de l'ordre de 128 ou 256 kbit/s. C'est pourquoi ils sont fréquemment situés en amont des multiplexeurs, ou parfois intégrés à ceux-ci.

Le secours

Hormis le routage automatique, les multiplexeurs disposent quelquefois d'interfaces RNIS S0 ou T0, ce qui permet de secourir les liens jusqu'à 1984 kbit/s. Ce débit ne correspond jamais à une seule application et dans ce cas, la difficulté de constituer des canaux logiques de débits supérieurs à 64 kbit/s a été évoquée. Dans certaines topologies, on peut être amené à doubler des liaisons hautes vitesses très coûteuses, lorsqu'un maillage n'est pas possible. C'est ce qui se passe, par exemple, pour des sites concentrés à Paris et Marseille et interconnectés par une ligne à 1920 kbit/s. En cas de besoin, les flots correspondant aux différentes applications devront être secourus séparément, en amont des multiplexeurs, par les divers services commutés bas débits disponibles. En ce qui concerne le téléphone, le basculement est immédiat car les autocommutateurs conservent des accès au réseau commuté, pour absorber notamment les communications excédentaires.

Un autre service public numérique, COLISEE, offre la possibilité d'interconnecter tous les PABX d'une entreprise et de réaliser ainsi un réseau privé, purement téléphonique. Il possède l'avantage d'être commuté, ce qui signifie que le plan de numérotation peut être rétabli dynamiquement quand un abonné se rend sur un autre site.

En supposant que la banque à laquelle nous nous intéressons depuis le début, décide d'installer une télésurveillance vidéo des coffres de ses agences principales, à 128 kbit/s par exemple, une concentration régionale se présente désormais comme sur la figure de la page suivante.

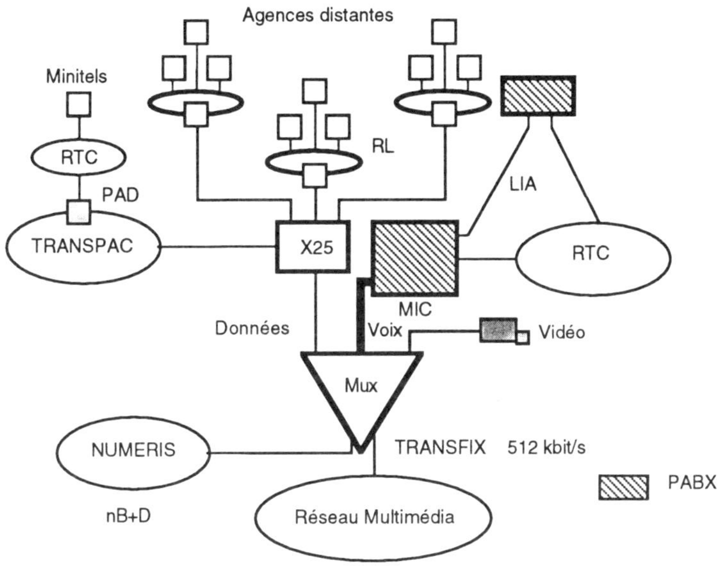

3 - Concentration régionale d'agences

Les autocommutateurs des agences de deuxième niveau, si nécessaire, seront reliés au centre régional par des lignes inter-autocommutateurs. En intégrant tous les services décrits, la solution peut paraître luxueuse. Mais ce n'est qu'un cas d'école, quoique réaliste. Avec des artères à 512 kbit/s et un débit X25 de 64 kbit/s, il est envisageable d'acheminer près d'une vingtaine de communications téléphoniques compressées à 16 kbit/s. Si les agences secondaires disposent également de la télésurveillance, il peut y avoir un deuxième niveau de multiplexage voix-données-images dans chacune d'elles.

L'aspect sécurité des réseaux a déjà été abordé, mais il existe une autre menace : le détournement des informations qui transitent par le domaine public. Certains secteurs sensibles sur le plan de la confidentialité ont parfois recours au cryptage des données. Les divers procédés altèrent par algorithme la valeur des codes transmis en ligne, au moyen d'une clé secrète. Ils sont mis au point par des mathématiciens et, en principe, inviolables. Le "brouillage" par utilisation d'une clé constante ne résiste pas longtemps aux spécialistes, sachant notamment que certaines lettres se répètent dans les mots à intervalles statistiquement connus.

C'est pourquoi une des méthodes consiste à réaliser une opération logique sur un nombre de bits de données égal à la longueur de la clé, cette longueur variant de manière aléatoire. La clé est extraite d'une suite de bits (table), elle-même aléatoire. Tous les 256 bits transmis, par exemple, l'algorithme déplace un pointeur dans la table et calcule une nouvelle longueur. L'avantage de cette technique réside dans le fait que la clé n'est jamais transmise, sauf lors de l'initialisation, pour synchroniser les pointeurs. Cette clé particulière n'est d'ailleurs pas émise en clair.

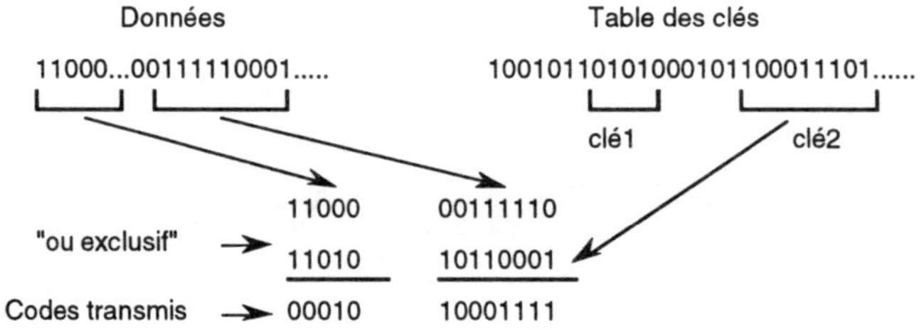

4 - Algorithme de cryptage

Les crypteurs sont installés aux deux extrémités de la ligne, entre l'ETTD et le modem. Ils peuvent fonctionner en mode multipoint, mais la sécurité offerte est moindre que si chaque liaison est autonome, à cause de l'obligation de dupliquer les circuits électroniques renfermant la table des clés. C'est en effet à l'occasion de leur transport physique vers les sites qu'il y a le plus de risques d'interception.

13

L'exploitation des réseaux

En se référant à l'exemple de la banque, on conçoit aisément que la "bonne santé" d'un réseau soit capitale et qu'il doive être surveillé de près. Il faut donc observer l'écoulement du trafic en permanence et prendre les mesures prévisionnelles ou correctives qui s'imposent, c'est la gestion. Mais il faut aussi chercher à optimiser l'exploitation et prendre en compte les évolutions du réseau, c'est l'administration. Ces tâches sont confiées à des opérateurs qui interviennent à l'aide de consoles raccordées aux équipements, localement ou à distance. L'importance des moyens mis en oeuvre est liée à la taille du réseau. Ils sont propres aux matériels utilisés (multiplexeurs, commutateurs, frontaux,...), et à chaque constructeur. Le résultat est que dans les réseaux hétérogènes, il existe autant de centres de gestion (CG) que de techniques en jeu. Les principes de base sont toutefois identiques.

L'architecture des matériels constitutifs d'un réseau est organisée autour de microprocesseurs exécutant des programmes internes. Le "software" est enregistré dans des mémoires "mortes" ou rechargeables. Il gère les fonctions de transmission grâce à des fichiers locaux contenant les paramètres des connexions à réaliser (types d'accès, débits, tables de routage, etc), constituant la **"configuration".** Dans les réseaux limités à quelques liens, un simple écran ASCII suffit pour configurer les équipements individuellement, en relation avec le programme local. Ils possèdent souvent une configuration de secours, mise en place automatiquement en cas d'incident (reroutage des liaisons).

Les machines réseaux peuvent aussi mémoriser dans des fichiers une grande quantité d'informations concernant leur activité. Elles mesurent le trafic en termes de nombre de trames et leur taux de remplissage, elles comptabilisent les appels et la durée des communications pour permettre la taxation des abonnés, elles enregistrent le nombre de messages répétés ainsi que toutes les anomalies détectées, etc. Toutes ces données sont communiquées sur requête du Centre de Gestion. Celles relatives aux incidents et à certaines conditions d'alarmes sont prioritaires et transmises spontanément. Ces **"événements"** sont de deux types : ceux nécessitant une intervention immédiate (panne d'un noeud ou perte d'un lien) et ceux indiquant le dépassement de certains seuils fixés (nombre d'erreurs, saturation).

L'ensemble des fonctions internes de gestion des équipements dispose d'un numéro réseau au même titre que n'importe quel utilisateur et est souvent appelé "abonné interne". La gestion et l'administration résident donc essentiellement dans le dialogue avec ces abonnés particuliers.

Au-delà d'une dizaine de noeuds, une station de gestion centrale se révèle indispensable, par le nombre d'évènements à traiter. Les configurations du réseau sont alors téléchargées ou mises à jour, puis activées, à travers le réseau, par l'intermédiaire d'un protocole, généralement de type paquet. Les fichiers correspondants sont préparés au niveau central, conservés sur mémoires de masse, le disque "dur" d'un PC par exemple. Une copie sur disque souple (disquette) peut parfois être chargée localement, en secours. A la mise en service du réseau, les matériels doivent déjà posséder une configuration minimum "par défaut", de manière à pouvoir gérer ces transferts. La voie de service est en fait un circuit virtuel établi successivement avec chacun des noeuds, pour la durée de l'échange, et libéré ensuite. Cette opération peut être réalisée manuellement, à la demande d'un opérateur. Les informations récupérées viendront enrichir une base de données, exploitée par le centre de gestion. Au moment d'une alarme, c'est un noeud qui initialise l'appel. Les messages sont affichés en clair sur l'écran ("lien a1-a2 hors service"), ou modifient une représentation graphique du réseau (passage du lien en rouge clignotant). L'opérateur dispose d'outils de diagnostic, il a notamment la possibilité d'effectuer des bouclages à différents niveaux pour tenter d'isoler l'organe défectueux (ligne, "porte" d'accès d'un commutateur,...). La console de gestion peut aussi se comporter en console locale du noeud et intervenir directement sur le programme interne.

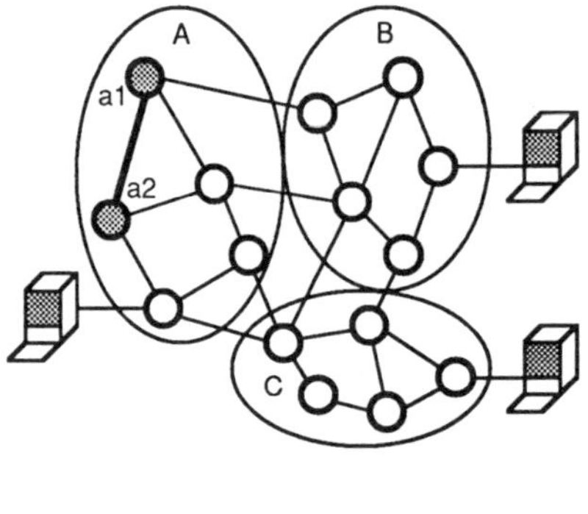

1 - Gestion de sous-réseaux

Il est évident que dans les grands réseaux, la plupart des fonctions sont automatisées. Les équipements sont interrogés à intervalles réguliers, plus ou moins fréquemment en fonction de leur importance stratégique, car la gestion consomme de la bande passante. Le choix des paramètres surveillés et de la fréquence de consultation doit être adapté au trafic. Par ailleurs, la puissance des grosses machines réseaux leur confère des fonctionnalités plus riches, donc une autonomie accrue. Les noeuds critiques sont le plus souvent doublés (redondants) et la partie au repos en "veille active". En cas d'anomalie, le basculement s'opère en quelques fractions de seconde. Les reroutages automatiques sont répercutés sur les noeuds adjacents, qui se réorganisent en conséquence.

Les très grands réseaux (pensez au RTC !) sont découpés en secteurs logiques, les sous-réseaux, possédant chacun un ou plusieurs centres de gestion. Se pose alors le problème de cohérence des bases de données entre elles, c'est-à-dire de leur mise à jour commune instantanée. Les actions déclenchées lors d'incidents doivent s'appuyer sur les mêmes informations. Il y a donc des échanges directs permanents entre les différents centres. Généralement, un seul poste est maître à un instant donné, mais il peut être relayé à tout moment. C'est la raison pour laquelle les stations disposent de plusieurs accès physiques au réseau, y compris commutés, évitant tout risque d'isolement.

Les centres d'exploitation utilisent de puissantes consoles graphiques sous système UNIX, par exemple. Par zooms successifs, il est parfois possible de visualiser le réseau global et de descendre jusqu'au niveau des composants de chaque matériel. L'optimisation des liens et du plan de routage, et les configurations correspondantes, peuvent être élaborées de manière automatique, en attribuant des coefficients relatifs au coût des lignes et à la priorité de certains canaux. Des statistiques de performances du réseau, ou de parties de celui-ci, sont présentées sous forme d'histogrammes (échelles verticales) ou de "camemberts". Elles donnent une image moyenne ou instantanée du trafic, de la qualité des transmissions, du rendement...

Mais le chapitre n'en est pas terminé pour autant ! Car les systèmes informatiques, utilisateurs de réseaux externes par la force des choses, possédaient déjà une gestion centralisée de leurs ressources en réseau. C'est le cas de NETVIEW pour l'architecture SNA et de tous les gestionnaires de LAN, notamment. Ces superviseurs se situent à un niveau logique supérieur et le réseau de transport quel qu'il soit, ne doit pas entraver leurs services. C'est pourquoi les constructeurs de commutateurs proposent souvent des passerelles de communication entre les deux types de gestion, plus ou moins transparentes. Elles assurent au minimum la remontée des évènements "alarmiques" vers les applications. Un élément important du réseau n'a pas été cité, c'est le modem. Il existe cependant des méthodes centralisées de gestion de ces équipements, qui viennent s'ajouter aux autres, bien qu'on ait tenté leur intégration progressive. Les machines de réseaux transmettent habituellement l'état de certains signaux de jonction, mais ne permettent pas d'intervenir sur le modem lui-même.

La complexité de gestion des grands réseaux privés et l'investissement en matériel et en ressources humaines sont tels que cette gestion est souvent confiée à des opérateurs, dans le sens d'exploitants cette fois ! L'un des principaux est France Télécom, utilisateur d'ACCUMASTER (AT&T) pour ses besoins propres. Le Centre de Gestion est dans ce cas "hébergé" dans les locaux du prestataire de services et relié par des lignes spécialisées au réseau surveillé.

La normalisation va bon train dans ce domaine également. Elle tente de répartir les différents niveaux de services pour des systèmes ouverts, à la manière des couches OSI. En fait, le modèle en préparation (M30 du CCITT) considère que les équipements de réseaux ont des comportements fonctionnels identiques, ce qui n'est pas conforme à la réalité. Il est clair qu'il n'existe pas actuellement de solution d'administration de bout en bout, mais seulement jusqu'au niveau 3 du modèle, dans le meilleur des cas. Les systèmes de gestion permettent encore aux constructeurs de "faire la différence", dans un domaine où les fonctionnalités offertes sont par ailleurs très proches. Mais la difficulté était la même en ce qui concerne la transmission. Le TNM (Transport Network Management) est sans doute pour... après-demain !

14

Le "large bande"

L'état de la technologie actuelle, semiconducteurs ultra-rapides et fibre optique entre autres, permet d'entrevoir ce que seront les réseaux de demain. Les nouvelles stratégies, qui impliquent des investissements très importants, se mettront en place progressivement au rythme de leur normalisation. Des plateformes d'expérimentation "grandeur réelle" de certaines techniques sont déjà en place. Avant de les présenter, un résumé des épisodes précédents n'est peut-être pas inutile.

La numérisation a tout d'abord été appliquée à la transmission et à la commutation, puis à la distribution (RNIS). Elle a eu pour conséquence une augmentation notable des débits et de la fiabilité des transmissions. Le transport des informations fait appel à deux techniques de commutation bien adaptées à leur nature. La voix et les flux de données importants nécessitent l'établissement, puis le maintien de la continuité d'une suite d'éléments : lignes et IT d'un MIC (temporel synchrone). C'est le circuit, pouvant entraîner un manque d'optimisation des liaisons. Les trafics sporadiques s'accommodent mieux de paquets multiplexés (temporel asynchrone), mais ils peuvent être ralentis dans le réseau et ne conviennent pas pour les transmissions isochrones. Ces considérations ont conduit à mettre en place des réseaux spécialisés, favorisant l'une ou l'autre de ces techniques.

Le souhait des utilisateurs s'exprime dans les termes : commutation + allocation dynamique de bande passante. Les hauts débits atteints dans les réseaux locaux (100 Mbit/s) transforment le besoin en : commutation + allocation dynamique de "bande élargie". Le réseau idéal devrait permettre des communications point à point ou multipoint, avec ou sans connexion (diffusion), symétriques ou non, en mode transparent et à des débits équivalents à ceux des MAN. Il doit en quelque sorte, combiner tous les procédés mis en oeuvre auparavant, plus quelques autres. Ce réseau "universel" assurerait alors l'ensemble des services : téléphonie, fax amélioré, interconnexion des réseaux locaux, son stéréo, télévision haute définition, etc. La solution réside dans l'association de la "Hiérarchie Synchrone" SDH (Synchronous Digital Hierarchy) et de l'ATM (Asynchronous Transfer Mode). Cette dernière technique a été retenue par le CCITT pour le "RNIS Large Bande".

La commutation rapide de paquets

C'est un mécanisme d'échange entre les stations et le réseau, permettant une allocation instantanée de bande et le routage des données. Il constitue une solution hybride, intermédiaire entre la commutation de circuits et celle de paquets. En réalité, il s'agit plus de commuter des trames, de longueur variable, plutôt que des paquets. Le "Relayage de Trames" (Frame Relay) apparaît comme une étape transitoire avant la mise en place de l'ATM. Son principe exploite la qualité des transmissions dans les réseaux numériques, en supprimant les contrôles redondants d'erreurs et de flux qui étaient effectués de noeud en noeud sur les paquets X25-HDLC ou SNA-SDLC. Ces contrôles sont reportés sur les équipements d'extrémité, qui spécifient pour chaque trame, le noeud de destination. La couche 3 du modèle OSI disparaît des commutateurs et les fonctions correspondantes sont reprises par la couche 2 (contrôles et multiplexage des voies logiques). Le relais de trames opère donc comme une version simplifiée du protocole LAP-D. La structure de l'en-tête des trames est classique : un identificateur de circuit virtuel, un indicateur commande/réponse (exactement comme en X25), mais auxquels s'ajoutent des bits de contrôle de congestion, car en l'absence de contrôle de flux, le risque de saturation devient envisageable et se traduit par l'abandon de certaines trames. On retrouve également un champ de contrôle "Frame Check Sequence" à la suite des données. En principe, la normalisation (CCITT I122-Q922) ne prévoit pas les trafics isochrones, mais elle ne les interdit pas. Les ressources libérées augmentent la capacité du réseau et améliorent les performances dans un rapport annoncé de 10 ou plus. L'implémentation des interfaces Frame Relay a débuté, étant donné qu'elle est relativement aisée dans les commutateurs habituels et les routeurs. Les débits possibles sont de l'ordre de 34 Mbits/s.

L'ATM

...ou Relais de Cellules (Cell Relay). Le transport des informations s'effectue au niveau 1 (physique) du modèle, sans contrôle d'erreur, dans des cellules très courtes de longueur fixe comportant 5 octets d'en-tête et 48 de données. L'en-tête comprend : les identificateurs de circuit et de faisceau (path) virtuels, de type de trafic, un indicateur de priorité et un champ de contrôle de congestion. Les cellules sont commutées "à la volée" par des dispositifs matériels très rapides, et non plus logiciels comme en X25. Cette technique permet des débits très élevés, mais surtout des délais de transit fixes. Les cellules sont remplies à la demande, la fréquence d'insertion étant fonction du débit propre de la source. Le réseau s'adapte au trafic en émettant éventuellement des cellules "vides", puisqu'elles circulent en permanence. Il s'agit bien cette fois d'allocation dynamique de bande passante, contrairement à ce qui se passe avec les multiplexeurs temporels.

Transmission synchrone : une communication est identifiée par un numéro d'IT. Le débit est constant et fixé par la fréquence des trames et la taille de l'IT (8bits x 8000 t/s = 64 kbit/s pour un MIC).

Transmission asynchrone : une communication est identifiée par un numéro de voie logique dans l'en-tête, sans relation temporelle. Le débit est variable par insertion de cellules vides, éliminées par les commutateurs traversés.

1 - Comparaison des transports synchrones et asynchrones

Le transfert des données débute par l'établissement de la communication. Pendant cette phase, les tables de correspondance entre les numéros de circuits virtuels entrant et sortant des noeuds sont mises à jour. Par lecture de l'en-tête, les commutateurs aiguillent les cellules sur la sortie sélectionnée. Tout se passe comme si l'on brassait des faisceaux contenant des circuits multiplexés (communications).Toutefois, plusieurs classes de fonctionnement sont prévues, dont un mode sans connexion.

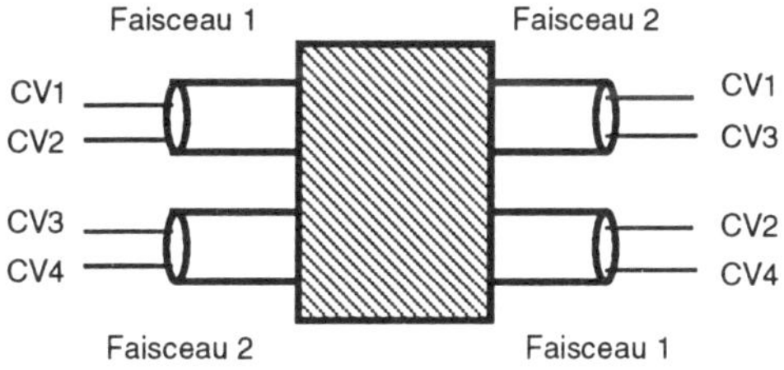

2 - Commutation ATM des circuits et des faisceaux

Un mécanisme de files d'attente est également utilisé dans les commutateurs. Jusque là, rien de bien nouveau ! Mais maintenant, il est hors de question de ralentir les cellules. Dans l'éventualité d'une congestion, l'identificateur de priorité permettra d'éliminer certaines d'entre elles. La norme ATM prévoit des débits de 155 et 622 Mbit/s correspondant au transport SDH. Cette technique intéresse beaucoup les réseaux locaux, pour la bonne raison que la totalité de la bande passante est disponible pour tous les utilisateurs, alors qu'ils se la partagent dans les réseaux classiques. Le MAN-DQDB a été considéré comme le précurseur d'ATM (802.6).

La transmission synchrone SDH

Cette technique s'applique en priorité aux réseaux publics. Dans l'infrastructure numérique actuelle, l'obligation de démultiplexer les trames au moment de la commutation, conduit à des décalages de synchronisation au bout d'un certain nombre de noeuds traversés. Les quatre voies MIC d'un train à 8,448 Mbit/s "glissent" les unes par rapport aux autres. C'est pourquoi on dit que le réseau est plésiochrone. Tout est à refaire !

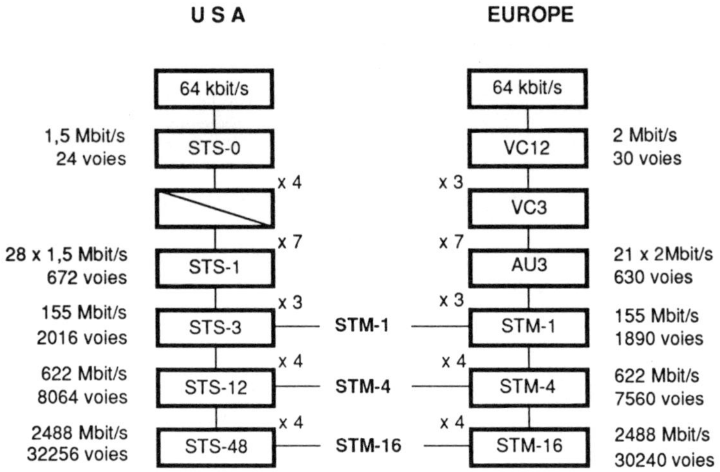

3 - Correspondance des nouvelles hiérarchies synchrones

La nouvelle hiérarchie définie par le CCITT et s'inspirant du système américain SONET (Synchronous Optical Network) normalisé par Bellcore, est totalement synchrone. Elle repose sur des étages à 155, 622 et 2500 Mbit/s (2,5 Gigabit/s), baptisés STM-1, STM-4 et STM-16. La correspondance entre les systèmes américain et européen s'établit au niveau STM-1. La continuité numérique de bout en bout, sans resynchronisation, est maintenant réelle. Les trames utilisées sont des "conteneurs virtuels", toujours avec une en-tête et un champ utile. Les divers débits peuvent y coexister, y compris les plésiochrones. La commutation est effectuée par insertion/extraction (Drop/Insert) des canaux à la volée entre affluents et aggrégats, à l'intérieur même des trames. Cette opération permet par exemple, le brassage de canaux 2 Mbit/s dans les trames à 2,5 Gbit/s, puisqu'elles sont parfaitement synchrones. A terme, des dispositifs prendront en charge les cellules ATM dans les conteneurs synchrones.

Les différents réseaux spécialisés vont-ils subsister à terme ? L'idée d'un réseau fédérateur unique est tentante, sachant que les moyens existent ou vont exister chez les opérateurs.

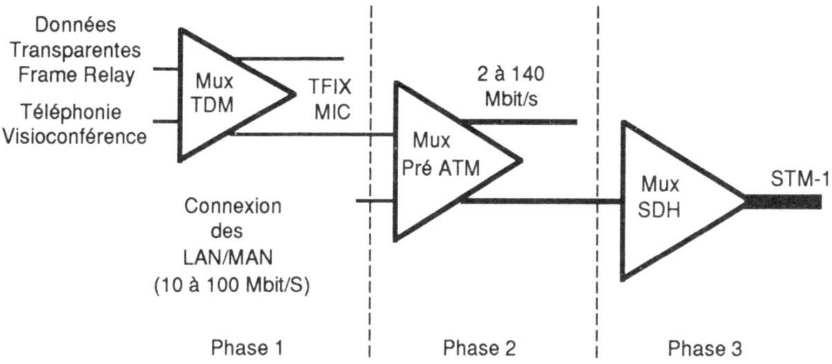

4 - Hypothèses de mise en oeuvre des nouveaux concepts en cours de normalisation

La mise en place progressive des techniques futures pourrait s'opérer en trois phases principales, dont la première est en cours. La physionomie du RTC va s'en trouver sensiblement changée. Les trois niveaux actuels : intercentraux (RIC), régional, ou sectoriel, et local devraient évoluer vers ceux de la Fig. 6. Les zones de distribution urbaine sont organisées en anneaux sécurisés, interconnectés par des brasseurs de trafic interurbain. Des multiplexeurs d'insertion/extraction reliés aux noeuds de desserte servent de passerelles vers les centres de transit primaires et secondaires. Les répartiteurs du RIC sont maillés au moyen de conduits à 2,5 Gbit/s.

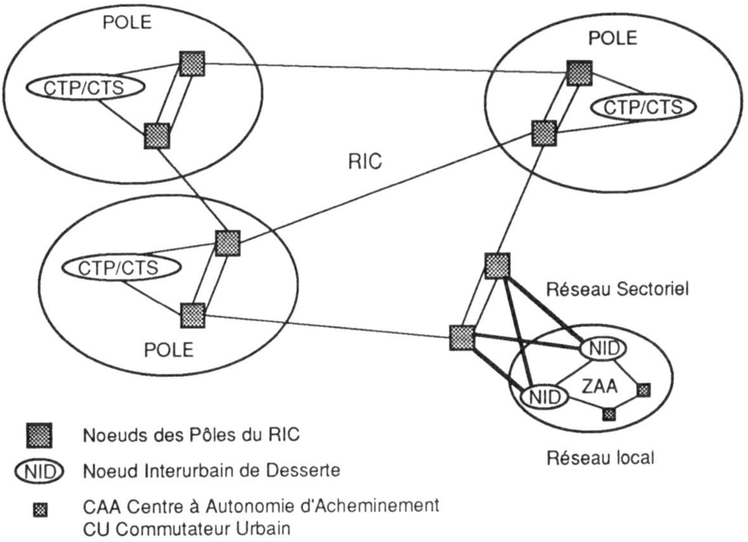

5 - Architecture du réseau téléphonique moderne

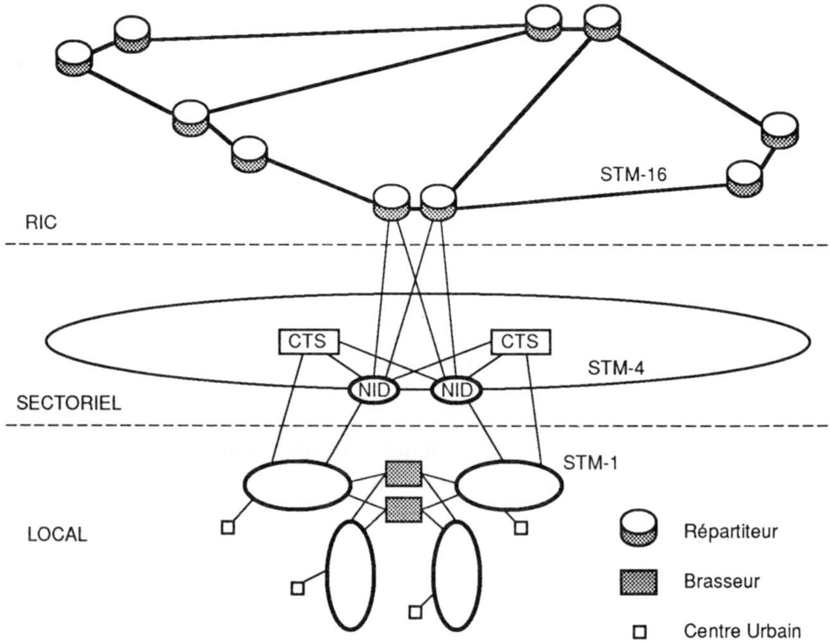

6 - Evolution possible de l'architecture du RTC

ET POUR CONCLURE...

Un peu plus d'un siècle sépare les "bouts de fil" reliant les deux premiers téléphones et les câbles en fibre optique intercontinentaux. La comparaison entre les appareils nasillards du début et les combinés numériques déjà bien réels du RNIS n'a plus de véritable sens. Le réseau actuel, grâce à l'augmentation des débits, permet en plus aux interlocuteurs de se voir, en même temps qu'ils se parlent. Du télex à la télécopie groupe 4, on peut mesurer les progrés réalisés par la technologie.

Dans tous les domaines d'activité, le besoin à toujours précédé les réalisations. Nul ne pourrait dire aujourd'hui ce que seront les télécommunications dans le siècle prochain. Mais ce n'est qu'à la fin des années 70 que la numérisation a commencé à être appliquée. On peut raisonnablement penser que le réseau SDH deviendra opérationnel avant la fin de la décennie. C'est donc en vingt ans que l'essentiel aura été fait. Si Graham Bell avait pu imaginer qu'un jour, les pages de ce livre pourraient être transmises en quelques dizaines de secondes à l'autre bout du monde...

INDEX

Imprimé en France. - JOUVE, 18, rue Saint-Denis, 75001 PARIS
N° 218601S. - Dépôt légal : Mai 1994
Dépôt légal 1re édition : 2e trimestre 1993